AF362651

# MÉMOIRE JUSTIFICATIF

Du Sieur ALEN, Chevalier de l'Ordre Royal &
Militaire de S. Louis, Major du Régiment de Lally,
& Aide-Major Général de l'Expédition de l'Inde.

## *PREMIERE PARTIE.*

L'HONNEUR a toujours été la régle de ma conduite, & je ne réclame que ma conduite pour défendre mon honneur des traits de la calomnie. Ma juſtification eſt établie ſur un genre de preuves contre lesquelles il n'eſt pas aiſé d'en impoſer, ſur des faits qui démontrent mon innocençe & l'injuſtice de mes Accuſateurs.

Leur caractere & leur conduite contredifent hautement les accuſations dont ils me chargent. Quelle force en effet peut avoir contre moi la dépoſition de Gens qui ne m'ont jamais connu perſonnellement ! Mais je le demande, eſt-ce à ceux qui ne ſe ſont jamais trouvés à aucune affaire dans l'Inde, à caractériſer la conduite que j'y ai tenue ? Ces Gens-là ne font-ils pas trop habiles qui, de loin, prononcent, ſans héſitation comme ſans crainte, ſur ce qui s'eſt paſſé de près ? N'ayant ni pénétré mes deſſeins, ni connu mes ordres, ignorant également & ma poſition & celle des ennemis, les meſures de la prudence & les jeux du hazard, qui ſouvent la trahiſſent, lès circonſtances imprévues qui les dérangent,

A

& les reſſources du ſang froid qui tire parti du moment, ne ſont-ils pas cenſés ignorer auſſi, & ce que j'ai dû faire, & ce que j'ai pu faire, & ce que j'ai réellement fait ? Quel eſt donc le prétexte de ces dépoſitions peu fondées ? Sur la foi de qui me rendent-ils reſponſable du malheur des événemens ? Le croira-t-on : des accuſations auſſi graves ſont fondées ſur des ouï-dires & ſur des rapports forgés à plaiſir par des Officiers ſubalternes à qui l'on avoit abandonné la conduite de la *Cavalerie blanche*, ( & les trois * garnemens qui les enflammoient, ) dont la plûpart ne devoient ce titre d'Officier qu'à l'impoſſibilité d'en trouver d'autres, qui ont conſtamment foulé aux pieds les loix de la discipline & de la ſubordination, qui ont fait paſſer dans le cœur des Soldats les ſentimens ſéditieux dont ils étoient animés, & qui ont mis le comble à leur deshonneur, en ne rougiſſant pas de ſe vendre, & de ſervir ſous un Chef que la ſeule baſſeſſe pouvoit choiſir pour maître ? Mais je ne crains rien de leurs impoſtures : *Sibi conſcia virtus, nil timet.*

Je n'entrerai pas ici dans des détails qui trouveront leur place ailleurs ; quelque intéreſſant qu'il fût pour moi de ne rien laiſſer en arriere ou de côté, je ſuis obligé de m'impoſer ſilence ſur une foule d'objets (a) ; chaque trait eſt ſuſceptible d'un certain développement, j'ai peu d'uſage : toutes mes idées ſe tiennent ; je tomberois dans l'inconvénient des répétitions : je ferois un volume : je paſſerai donc aux faits qui doivent ſeuls me condamner ou m'abſoudre, après avoir expoſé ſuccinctement les événemens qui ont précédé l'époque du détachement avec lequel je ſortis de *Pondichéry* le 22 Août 1760, époque qui ſera le ſujet eſſentiel de cette premiere Partie, réſervant pour la ſeconde les traits antérieurs, & quelques autres particuliers, qui ont donné lieu aux différens reproches que j'ai eſſuyés.

(a) Dans le nombre, je me contente d'indiquer ici ma *retraite* de PERMACOUL ; mon *refus* de ſecourir ce Fort & celui de VALDAOUR ; ma *marche* du camp de PERIMBÉ vers les limites de VILLENOURS ; le double reproche qu'on me fait d'avoir *affoibli* l'eſcorte du ſieur Haynau, & de ne m'être pas *dégarni* en ſa faveur ; ma *promeſſe* au ſieur le Meintier que PONDICHERY ſecourroit le convoi qu'il avoit ſous ſes ordres, aux approches de cette Ville ; le roman imaginé par la ſtupide avidité de mes ennemis, à l'occaſion d'une MALLE que j'avois laiſſée à THIAGAR, &c. &c......
Griefs que je ne veux pas caractériſer, mais ſur leſquels je me ſuis bien promis, & je ne tarderai pas, de répandre le plus grand jour.

* Les ſieurs Ligny, Desjardins & Mallet.

Employé dans l'expédition deftinée à aller aux Indes ;
je m'embarquai avec fix compagnies du régiment de Lally,
fur le vaiffeau *le Centaure*, qui appareilla de l'*Orient* le 2 Mai
1757, avec le refte de l'efcadre aux ordres du Comte d'Aché.
Nous relâchâmes le 16 Décembre à l'Ifle de France, où la
mort du fieur de Gehohegan me fit nommer à la majorité
du régiment de Lally, & à l'aide-majorité générale de l'expédition. Nous partîmes de l'Ifle de France, & continuâmes
notre route pour *Pondichéry*, où nous arrivâmes le 28 Avril
1758.

Les opérations ayant commencé par les fiéges de *Goudelour* & de *Saint-David*, j'y fus employé, & j'y fis mon
devoir.

Après la prife de *Saint-David*, & pendant que le Général
s'occupoit de l'expédition de *Tanjaour*, je reftai Commandant du régiment de Lally fous le Chevalier de Soupire,
qui avoit à fes ordres un corps de troupes deftiné à couvrir
nos poffeffions, à intercepter les fecours que les Anglois
pouvoient envoyer de *Madras* aux *Tanjaouriens*, & à protéger
ainfi une expédition dont le fuccès fembloit décifif pour les
opérations ultérieures.

L'entreprife fur *Tanjaour* ayant échoué, le Général affem-
bla, vers la fin de Septembre 1758, fon armée, & marcha
pour l'expédition d'*Arcate* ; nous prîmes les Forts de *Triva-
lour*, *Tirnmallet*, *Timery* & *Carangouly* ; le 4 Octobre nous
entrâmes dans *Arcate*.

Dès que la faifon permit d'opérer, le Général s'approcha
de *Madras*.

Je me trouvai à la tête de la brigade de Lally, avec les
Officiers fupérieurs attachés à ce corps, à l'attaque de la
*ville noire* de *Madras* ; le 14 Décembre au point du jour, &
nous nous en emparames. Nous courûmes au premier feu
de l'attaque que les affiégés firent dans une fortie fur la droite, & fans les inftans précieux qu'on nous fit perdre, en voulant nous perfuader qu'il falloit du canon, nous aurions gagné le pont de communication, coupé la retraite des ennemis, & aucun Anglois ne nous auroit échapé ; ce qui eût
occafionné un avantage bien différent de celui que nous
remportâmes, qui fe réduifit à hacher ou faire prifonniers
près de cent hommes, & à nous rendre maîtres de deux

piéces de canon, que nous enlevâmes sur le glacis & sous le feu de la ville.

Durant le siége de *Madras*, indépendamment des fonctions de l'armée, j'ai passé presque toutes les nuits sous les armes avec le régiment, pour soutenir la tranchée.

A la levée du siége de *Madras*, je suivis l'armée dans toutes ses marches, & j'eus part à ses principaux mouvemens.

Le Général me détacha de *Pondichéry* pour porter un renfort à l'armée qui étoit aux ordres du sieur Gehohegan à *Vandavachy*. Après une affaire *très-vive & longue, l'ennemi y fut repoussé avec une perte considérable le 30 Septembre 1759.

* Premiere bataille de *Vandavachy*.

Je restai chargé du commandement de l'armée à *Vandavachy* le 17 Octobre. Journée terrible ! j'eus à essuyer une révolte générale de toutes les troupes. Sentant la nécessité de laisser passer le premier feu, & que je ne parviendrois à l'éteindre qu'en gagnant la confiance des rebelles, je leur envoyai les guides, les espions, les bœufs de l'artillerie, & le petit nombre de sujets fideles que j'avois, aimant mieux les donner pour surveillans aux rebelles, que de les garder aux drapeaux. Cette conduite de ma part produisit un bon effet ; les rebelles composerent avec moi, ils m'accorderent enfin six jours, au bout desquels ils rentrerent dans leur devoir ; le Général, que j'avois informé de ce qui se passoit, ayant envoyé l'argent nécessaire pour contenter les troupes, que le défaut de paie avoit seul provoqué à la rébellion.

Le 3 Novembre je reçus ordre de partir de *Vandavachy*, avec les brigades de Lorraine, Lally & la Marine, pour *Arcate*, où je devois attendre le retour du sieur de Bussy, qui étoit allé chercher des troupes noires ; mais cet Officier Général ne paroissant point, je restai commandant l'armée jusqu'aux premiers jours de Décembre.

J'employai ce tems à faire différentes courses utiles ; je combinai mes opérations sur les mouvemens des Anglois ; je me présentai deux fois au fort de *Sacramalour*, & manquant de vivres, je me repliai sur *Chetoupet*, où le commandement de l'armée me fut ôté, pour des raisons qui trouveront leur place ailleurs.

Ce fut alors que le sieur de Bussy arriva avec les troupes

noires. Toute l'armée fut rassemblée à *Arcate*, le Général vint en prendre le commandement lui-même, nous nous emparâmes des magasins qu'avoient les ennemis à *Cangiva-ron*, nous marchâmes ensuite à *Vandavachy* pour en faire le siége. Mais l'armée ennemie parut le 22 Janvier 1760, & nous livra une bataille * que nous perdîmes, malgré les plus sages dispositions du Général, par la lâcheté des noirs. Ce contre-tems inattendu & toutes les contrariétés qui traver-soient le Général, ne l'empêcherent pas de sauver l'armée, de ramener à *Chetoupet* grand nombre de ses blessés, ainsi que la majeure partie de son artillerie, & ne laisser qu'un seul prisonnier de marque.



Vers le 15 Février je pris le commandement de l'armée entre *Pondichéry* & *Permacoul*; je fus forcé de m'étendre jus-qu'auprès de *Valdaour*; je me repliai ensuite à la *Taupe des Tamariniers* conformément à mes ordres.

Je marchai également par ordre avec l'armée le 5 Mars à *Perimbée*, & je ne quittai cette position qu'après les avis réitérés que je reçus de mes postes avancés, que l'armée ennemie marchoit sur les limites de *Valdaour*, pour me rap-procher de celles de *Villenours*, & assurer ma communica-tion avec *Pondichéry* & le régiment de Lorraine.

Après la prise de *Valdaour*, l'armée ennemie s'approcha de la nôtre; je fus employé à la défense de différens postes; je fus détaché à plusieurs reprises; je commandai le régi-ment de Lally pour favoriser l'attaque de *Goudelour*; en un mot, j'ai toujours fait tout ce que je devois pour le bien du service, & je n'ai jamais laissé échaper la moindre occasion de donner des preuves du zèle qui m'animoit.

Je prie qu'on se rappelle ici que je réunissois à l'emploi d'Aide-Major Général de l'armée, celui de Major du ré-giment de Lally, ce dernier d'autant plus pénible, que j'avois à discipliner un régiment formé de mauvaises incor-porations, par la nécessité de réparer, sans pouvoir faire de choix, les pertes qu'il essuyoit.

Cette exposition abregée donnera une idée générale de la conduite que j'ai tenue. Il est tems d'entrer dans des dé-tails, & d'en venir aux accusations les plus graves.

Les Anglois ayant formé le blocus de *Pondichéry*, je reçus ordre de marcher, afin de procurer des vivres à cette place,

& de faire diverfion à l'ennemi ; je n'eus qu'une heure pour me préparer au départ. Je n'avois pas le tems de mettre ordre à mes affaires ; je voyois la perte de tout mon bien dans la perte de cette ville : Aide-Major Général de l'armée, je fentois le déplaifir de laiffer à un autre les fonctions d'un emploi que je chériffois tant. . . . . . . Je ne balance pas, je n'écoute que la voix du devoir ; j'abandonne tous mes effets, le facrifice de l'affection la plus louable ne me coute rien, je me mets en marche.

Je partis de *Pondichéry* la nuit du 22 au 23 Août, avec un détachement de deux cens hommes & deux piéces de canon ; jamais Officier ne fe trouva dans une pofition plus cruelle.

Le tems étoit critique, tout paroiffoit defefpéré ; l'ennemi, maître de la campagne, dans un pays où cet avantage eft décifif, ôtoit toute reffource : point d'inégalité de terrein, point de défilé, aucune de ces heureufes fituations qui réparent la difproportion du nombre : j'étois fans vivres & fans argent ; ma troupe fe répandoit en murmures : plus j'allois en avant, plus mes embarras augmentoient. Je m'attendois à être joint par douze ou quinze cens *Cypahys*, que le fieur *Mallet* devoit avoir affemblés ; & ce fecours indifpenfable, qui m'étoit promis dans mes ordres, mais qui n'exifta jamais, me manqua. Menacé à chaque inftant de me voir abandonné des miens, évidemment expofé à être taillé en piéces, je tâchai de fuppléer à tout par de la conrenance, la bonne difcipline & l'activité.

Après plufieurs marches pénibles, j'arrivai à *Gingy* ; j'y fus renforcé par cent ou cent vingt hommes de *Cavalerie blanche* ; j'y trouvai encore douze à quinze cens *Mayffouriens*, commandés par le Chef *Macdoufaïb*, & un convoi deftiné pour *Pondichéry*.

Le Commandant de *Gingy* avoit plufieurs fois preffé *Macdoufaïb* d'efcorter ce convoi, & n'avoit jamais pu l'y réfoudre. Je ne pouvois le conduire moi-même, fans expofer mon détachement à une perte inévitable ; mais je crus que *Macdoufaïb*, renforcé par ma troupe, fe rendroit à mes follicitations : toutes mes tentatives furent inutiles ; il fe défendit fous différens prétextes.

*Macdoufaïb*, beau-frere d'*Heyderfaïb**, qui l'avoit envoyé pour fecourir *Pondichéry*, fous peine de répondre des événemens fur fa tête, ne me paroiffoit pas encore capable de perfidie. J'attribuai fa réfiftance à la crainte que lui avoient infpiré les Anglois dans une petite affaire qu'il avoit eue avec eux près de *Trividy*, & lors de laquelle ils l'auroient enlevé, fans la fermeté du fieur *de Noroigne* qui le fauva.

Pour diffiper cette terreur, & relever le courage des *Mayffouriens*, je propofai à *Macdoufaïb* de furprendre un camp d'obfervation que les Anglois avoient à *Retnay* fous les ordres du fieur *Prefton* : mon projet étoit, ce coup porté, de profiter de l'ardeur des *Mayffouriens*, & de la confufion où feroit alors l'ennemi, pour faire paffer le convoi, par le chemin des rivieres, à *Pondichéry*.

Mais *Macdoufaïb* m'oppofa plufieurs (1) difficultés ; je commençai à le foupçonner, & je demandai un ordre au Général pour chaffer, à coups de canon, une troupe plus funefte qu'utile à la Colonie.

Ce Chef, inftruit de mes difpofitions, eut recours à la rufe : il feignit le 29 Août de vouloir fe joindre à moi pour furprendre ce camp de *Retnay*. L'opération fut concertée, & l'attaque devoit fe faire avant le jour ; mais le corps des *Mayffouriens* ne parut au pofte qui lui étoit affigné, qu'à neuf heures du matin. Cette heure n'étoit pas propre à tenter une furprife. Cependant la fupériorité du nombre m'infpira une jufte confiance : je marchai pour commencer l'attaque, je fis paffer le ruiffeau qui nous féparoit de l'ennemi, par la Cavalerie blanche ; mais *Macdoufaïb*, au lieu de me feconder, accourut à moi, me fit remarquer un tourbillon de pouffiere, & me dit : *Voilà un renfort ennemi, je pars ; mais demain j'accompagnerai le convoi à Pondichéry*, & fur le champ il ordonna fa retraite.

Je fus forcé de le couvrir & de le fuivre. Avec cette promeffe d'efcorter le convoi, qu'il fit mettre en marche à deux reprifes différentes, il nous amufa jufqu'au moment où il put paffer le torrent le *Poignard*, pour fe rendre à *Thiagar*, & delà au *Mayffour*, c'eft-à-dire ; il nous amufa jufqu'au 11 Septembre, jour qu'il paffa le torrent qui ne fut guéable qu'alors.

Ce qui démontre qu'il n'avoit eu d'autre deffein que de nous amufer, c'eft qu'il avoit reçu fon rappel le 29 Août ;

nous l'avons appris depuis par le Commandant de *Thiagar* lui-même, qui lui en avoit fait paſſer l'ordre le 27, c'eſt-à-dire, deux jours auparavant.

Je reſtai quelques jours à *Gingy*; &, en partant, j'y laiſ-ſai le convoi tel que je l'y avois trouvé.

Ce ſimple expoſé de ma conduite ſuffit pour la juſtifier; cependant on oſe m'accuſer 1°. de m'être caché ſous un arbre dans le moment de l'attaque; ſelon un temoin; 2°. de m'être ſauvé dans un village, ſelon un autre temoin; 3°, d'avoir vendu le convoi à mon profit; 4°. de ne m'être don-né aucun mouvement pour faire paſſer des vivres à *Pondichéry*.

Ces accuſations ſont confondues par l'abſurdité même qu'elles renferment; je puis dire avec raiſon que l'iniquité s'eſt trahie elle-même : *Mentita eſt iniquitas ſibi.*

1°. Il n'y avoit qu'un arbre auprès du camp de *Retnay*. Je me mis deſſous pour offrir des rafraîchiſſemens aux Offi-ciers de ma troupe lors de la retraite, & tomber ſur l'en-nemi, ſuppoſé qu'il fût ſorti de ſes retranchemens pour nous pourſuivre : la lâcheté ne ſe plaça jamais ſur le der-riere dans une retraite.

2°. Le village de *Retnay* étoit occupé par l'ennemi, & c'é-toit le ſeul qui ſe trouvoit à portée : n'eſt-il pas ridicule de me faire ſauver dans un village dont les ennemis étoient en poſſeſſion?

3°. J'ai laiſſé le convoi *à Gingy*; c'eſt un fait dont le Com-mandant de ce Fort peut rendre témoignage. Puis-je l'avoir vendu & laiſſé *à Gingy*? Puis-je être responſable d'un convoi dont je n'ai jamais été chargé?

4°. J'avance comme choſe notoire; que j'ai fait tout ce que j'ai pu pour ravitailler *Pondichéry*, & y faire paſſer des con-vois. Si le ſuccès n'a pas répondu à mes efforts & à mes vœux, on ne peut s'en prendre qu'à la ſupériorité & à la po-ſition avantageuſe de l'ennemi, au corps qui m'obſervoit, à la ſituation particuliere de la place qui étoit bloquée, à l'impoſ-ſibilité de concerter avec elle, à l'incertitude du paſſage du torrent, à l'éloignement qui expoſoit d'autant plus les con-vois à être enlevés par les différens poſtes, que la cavalerie qui eût été néceſſaire pour les eſcorter, manquoit, & qu'il n'étoit pas poſſible de la ſuppléer par l'infanterie, dont la lenteur n'eût ſervi qu'à éventer les projets, ou qui s'excédant de fatigues

tigues aux inftans critiques, eût péri miférablement, ou feroit devenue la proie de l'ennemi.

Je tâchai de compenfer ces desavantages inévitables, en cherchant toute les occafions d'inquiéter & d'affoiblir l'ennemi : je lui ai fait faire une diverfion confidérable ; je l'ai forcé à tenir fes troupes en campagne, & fes Forts en état de défenfe ; j'ai vécu fur lui ; je lui ai fouvent enlevé des beftiaux, & tout cela en confervant à mon détachement fa premiere force ; en un mot, je n'ai rien négligé pour faire le mal des Anglois & le bien de la Colonie ; j'euffe fait plus, fi le Général m'eût envoyé le renfort qu'il m'avoit promis.

Ainfi s'évanouiffent les odieufes imputations de mes ennemis ; leur injuftice ne fe dévoile pas avec moins d'éclat dans les autres accufations qu'ils intentent contre moi.

*On m'accufe d'avoir abandonné le Fort de (2) Thiagar, qui, dit-on, m'avoit été confié ; d'avoir été chez les Marrattes, d'où l'on infere que je n'ai cherché qu'à les fervir & à m'enrichir ; d'avoir pris pour prétexte un prétendu traité avec les Marrattes, qui n'exifta jamais ; d'avoir par là manqué à mon devoir, au fervice de la Colonie, & d'avoir été caufe que la cavalerie blanche s'étoit fondue dans l'armée noire, au lieu qu'elle n'auroit été que prifonniere de guerre, fi je m'étois enfermé avec elle dans Thiagar, & qu'elle exifteroit aujourd'hui pour la Compagnie. On ajoute que la défenfe de ce Fort auroit été plus longue, fi je n'en avois pas diminué la garnifon ; que tous les foins que je me fuis donnés pour inftruire le Comte de Lally de mon deffein & en recevoir des ordres, ne fuffifent pas pour juftifier ma conduite ; qu'enfin fi j'avois refté à Thiagar, on n'auroit rien à me reprocher.*

B

Ces accusations attaquent trop directement mon honneur, elles démentent trop formellement les sentimens dont j'ai toujours fait profession, pour les passer légerement, pour ne pas les discuter avec la plus scrupuleuse exactitude.

1°. Par ma qualité & par mes ordres, qui nommément me donnoient Carte blanche, je n'étois pas plus attaché au fort de *Thiagar* qu'à celui de *Gingy*, ou à tout autre dépendant de la Colonie : on ne peut donc pas dire que celui de *Thiagar* m'eût été particulierement confié, & que j'aye manqué à mon devoir en le quittant.

2°. Un Officier n'est censé abandonner son poste, & ne se rend coupable, que lorsqu'il se retire contre les loix de la guerre, pour le livrer à l'ennemi. Mais un Officier Général qui est chargé d'un terrein étendu, qui laisse dans les places de son commandement des garnisons proportionnées à ses forces, & qui n'en sort que pour suivre des opérations ultérieures, ne peut pas être accusé d'avoir abandonné son poste. Cette imputation est condamnée par tous les principes de l'Art militaire. Or, telles sont les circonstances où je me suis trouvé : j'étois chargé de veiller à tous les dehors de *Pondichéry* & aux intérêts de la Colonie en général ; je ne pouvois remplir ces objets en me laissant enfermer dans *Thiagar* déjà bloqué , je laissai dans ce Fort mon infanterie avec un bon Officier pour le défendre, je ne le quittai que dans l'espérance d'y revenir en moins de vingt jours, & dans la vue de délivrer *Pondichéry* : où est mon crime ? D'ailleurs, il n'y avoit point d'herbe dans le Fort, je ne pouvois donc pas y enfermer la cavalerie. En second lieu, les chevaux auroient bientôt épuisé l'eau des réservoirs & facilité la reddition de ce Fort. Troisiémement la cavalerie, toujours inutile dans une place, ne doit y être enfermée qu'à la derniere extrêmité, & lorsqu'il n'y a plus d'autre ressource. J'aurois agi contre toutes les régles, si, pouvant l'employer utilement, je l'avois enfermée dans *Thiagar*, dans un Fort situé sur le haut d'un rocher où elle n'auroit servi qu'à causer un préjudice considérable à la garnison, qui n'étoit déjà que trop forte, attendu qu'il n'y avoit ni sorties à faire, ni ouvrages à ajouter, ni bréches à appréhender.

3°. Les Officiers feroient bien malheureux, fi leur réputation & leur honneur dépendoient des événemens; le commun des hommes porte fes jugemens fur cette régle incertaine, mais les gens éclairés mefurent le mérite & la probité des Commandans des troupes, fur la fageffe de leurs projets & de leurs difpofitions. Que l'on me juge fur ce principe, on verra que, dans la pofition où j'étois, je devois raifonner ainfi :

« Si je m'enferme dans *Thiagar* avec tout mon detache-
» ment, je fuis sûre de hâter la prife du Fort, de n'être
» d'aucun fecours à *Pondichéry*, & de paffer pour l'unique
» caufe de l'inaction des *Marrattes:* fi au contraire, les *Mar-*
» *rattes* veulent me fuivre, je ferai lever le blocus de *Pon-*
» *dichéry*, & je fuis certain que le traité avec les *Marrattes*
» eft conclu. »

Entre ces deux partis, pouvois-je balancer de prendre celui que j'ai pris, celui qui pouvoit feul être avantageux à la Colonie? N'a-t-on pas, dans tous les tems, cherché à fe fortifier par des alliances contre un ennemi plus fort que foi?

4°. Mais, dit-on, ce traité avec les (3) *Marrattes* n'eft qu'une chimere, & ne peut vous fervir d'excufe. Il m'eft aifé de détruire cette affertion, & l'on va fentir que je ne pouvois avoir le moindre doute fur la réalité, ni fur la ratification de ce traité.

Il avoit été envoyé au Commandant de *Gingy*, qui l'avoit confié au fieur *Aumont* pour le porter à *Pondichéry*; je l'avois vu moi-même au commencement d'Octobre. Il avoit été mis dans les plis de l'habit du fieur *Aumont*. Par ce traité, nous cédions *Gingy* aux *Marrattes*, & en conféquence de ce même traité, je formai le plan de m'emparer de *Thiagar* qui, par la ceffion de *Gingy*, devenoit pour la Colonie un pofte indifpenfable.

Du 10 au 15 Octobre, je reçus le confentement du *Général* pour exécuter mon projet, ce qui me donna lieu de croire que le traité étoit ratifié de ce côté-là, puifque le projet de m'emparer de *Thiagar* n'en étoit qu'une fuite. Il ne me reftoit plus que d'avoir des preuves fuffifantes que ce traité étoit ratifié du côté des *Marrattes*, & j'en reçus de fort complettes. Au surplus ce traité ne me regardoit qu'autant qu'il influoit sur le plan de mes opérations.

Après que je fus en possession de *Thiagar*, je reçus plusieurs lettres * *du Nabab de Velours*, d'*Hassedsaïb*, véritable ami des François qui avoit ménagé cette négociation, & du sieur *Desmoulins*, qui se tenoit auprès d'*Hassedsaïb* pour la même affaire. Ils me félicitoient dans toutes ces lettres sur la ratification du Traité, & m'annonçoient l'arrivée prochaine des *Marrattes*.

Du 22 au 25 Novembre je reçus des lettres * de *Visagipondet*, Chef des *Marrattes*, & de *Chamarao*, son premier *Brame*, qui paroissoit s'intéresser avec zéle au succès du Traité, zéle néanmoins dont l'événement démentit la sincérité : il est notoire que le fourbe recevoit mille roupies par jour pour suspendre le départ des *Marrattes*.

Par ces lettres, *Visagipondet* & *Chamarao* m'appelloient à leur camp avec la *Cavalerie Blanche* ; ils me marquoient que tout étoit conclu, & qu'ils n'attendoient que mon arrivée pour marcher au secours de *Pondichéry*. Malgré toutes ces assûrances, je donnai ordre au sieur *Rubello* de se rendre au camp des *Marrattes* pour les engager à venir me joindre ; mais cet Officier ne put passer les *Gattes*. *

Quoique personne ne doutât de l'existence de ce Traité, & que j'eusse tant de raisons d'y croire, je ne pouvois me déterminer à partir de *Thiagar* sans avoir cherché à m'y faire autoriser par de nouveaux ordres du *Général*. Pendant douze ou quinze jours, je tentai tous les moyens d'en avoir ; j'envoyai même à *Pondichéry* des * Officiers qui, malheureusement, furent faits prisonniers.

Non-seulement je desirois de recevoir de nouveaux ordres du *Général*, mais encore de connoître la véritable situation de Pondichéry. Si l'on m'eût écrit que cette place étoit dans la disette, & qu'elle ne pouvoit pas résister assez long-tems pour attendre le secours des *Marrattes*, j'étois résolu de tout risquer pour y conduire un convoi que je tenois tout prêt, en laissant une garnison suffisante à *Thiagar* ; & au cas que mon coup eût manqué, je me proposois de me retirer à *Gingy*, avec les débris de mon détachement, & d'y finir la campagne.

* Le 22 Octobre & le 6 Décembre.

* Les copies de ces lettres ont été remises au sieur Kennedy, pour continuer à en faire passer des doubles au Comte de Lally.

* Chaîne de montagnes qui va du Sud au Nord, & sépare *la presqu'Isle de l'Inde* en deux côtes, celle de *Coromandel*, & celle de *Malabar*.

* Les sieurs de *Riviere*, Officier de Cavalerie, & du *Mouquoire*, Officier des troupes de la Marine.

J'aurois même pris ce parti, si les ennemis m'avoient ſer-
ré de près à *Thiagar* avant la réception des lettres qui me
confirmoient la réalité du Traité avec les *Marrattes ;* mais
ils ne firent tous leurs efforts pour m'enfermer & me couper
tout paſſage, qu'après que j'eus reçu ces lettres, & ſans
doute ſur l'avis qu'on leur en avoit donné.

En effet, dans cet intervalle, l'ennemi s'approcha de
*Thiagar,* attaqua mes poſtes avancés, & cherchoit même à
brûler les enceintes du Fort. Il ne me reſtoit donc d'autre
parti à prendre que celui de ſortir de *Thiagar,* pour me
rendre au camp des *Marrattes ;* en conſéquence, je fis une
attaque ſur un côté des poſtes ennemis, je ſortis par l'autre
avec la *Cavalerie,* & je me mis en marche.

Je reçus en chemin des nouvelles lettres de *Chamarao,*
du ſieur *Ligny* qui étoit au camp des *Marrattes,* ainſi que le
ſieur *Desmoulins.* Je trouvai dans toutes ces lettres l'aſſû-
rance réitérée qu'on n'attendoit que mon arrivée pour marcher.

Dans le même tems, le ſieur de *Noroigne* (4) ſorti de
*Pondichéry,* m'envoyoit à *Thiagar,* le ſieur *Hinnegan* pour
me dire d'aller joindre les *Marrattes.* J'étois dejà parti ;
mais le Commandant de *Thiagar* me dépêcha le ſieur *Mallet* pour me porter cette nouvelle, qu'il ſuppoſa devoir me
faire d'autant plus de plaiſir, qu'il avoit été ſouvent le témoin de ma perplexité ſur le parti que j'avois à prendre.
Ce Commandant ne ſoupçonnoit pas les vrais (5) motifs
de l'empreſſement du ſieur *Mallet* à ſe charger d'une ſemblable commiſſion.

Tout me confirmoit donc de plus en plus l'exiſtence &
la ratification du Traité ; les Commandans de pluſieurs Forts
*Marrattes* où nous paſſâmes me l'annoncoient comme très-cer-
tain. La réponſe de *Viſagipondet* à la lettre par laquelle je l'avois
prévenu de mon départ pour le joindre, & que je reçus en
chemin, contenoit les mêmes aſſûrances. *Haſſedſaïb* dont je
n'étois éloigné que de quatre lieues pendant le ſéjour que
je fis à *Tripatour,* & le *Vaquile,* ou Envoyé du *Nabab de
Velours,* que je rencontrai dans ce même endroit, me le
confirmoient plus fortement encore.

Nous arrivâmes au camp des *Marrattes* le 22 Décembre ;

ils nous reçurent avec les *grands honneurs* ; ils accepterent nos préfens : les proteftations & fermens d'amitié furent donnés de part & d'autre. Le moment du départ indiqué, les chevaux ferrés, les Chefs nommés pour l'expédition, l'heure pour prendre congé du *grand Chef* donnée, nous fîmes une marche vers *Pondichéry*. . . . . . Qui n'auroit compté fur la fincérité des *Marrattes* ? Qui fe feroit attendu à la perfidie ? Elle n'éclata que dans ce moment où tout paroiffoit confommé pour aller fecourir *Pondichéry*.

Ce fut alors que *Vifagipondet* nous annonça, en nous montrant une tente remplie de piéces de draps, de velours, de pendules, &c. que N A N A , *le grand Chef des Marrattes*, trouvoit mieux fon compte dans ces préfens des Anglois, & dans fept * lacs de roupies qu'ils lui propofoient pour qu'il reftât tranquille, que d'expofer fon monde fous un climat contagieux, pour le Fort de *Gingy* qui n'étoit qu'un monceau de pierres, & qu'il avoit changé d'avis.

Je me retirai fur le champ, fans prendre congé, & fans vouloir accepter le retour des préfens d'ufage.

Ainfi, on a vu plufieurs fois, même *en Europe,* des Souverains conclure des traités fecrets, & abandonner leurs Alliés au moment décifif d'une bataille. On a vu d'autres Souverains fe faire un fyftême politique de paffer, pour ainfi dire, d'un camp dans l'autre , & de fe déclarer tour-à-tour pour le parti qui leur offroit un plus grand avantage. Mais on n'a jamais fait un crime à un Général d'avoir compté fur leur fincérité ; pourquoi donc m'en faire un d'avoir *compté fur celle des Marrates* ?

Au lieu de me rendre à leur camp où ils m'avoient appellé, s'ils étoient venus me joindre, en aurois-je moins été obligé de quitter le Fort de *Thiagar* ? Ne falloit-il pas me mettre à leur tête pour les animer & les conduire ?

D'ailleurs par ma jonction avec les *Marrattes*, je faifois une démarche dont le risque retomboit fur moi - feul , en dépenfant mes fonds & expofant ma ( *a* ) perfonne, &

* Un lac fait cent mille roupies.

(*a*) Je ne faifois fans doute alors que mon devoir. Cette réflexion fe préfentera fouvent dans la lecture de ce Mémoire , mais je prie qu'on me le pardonne en faveur de ma pofition : l'intérêt de ma propre défenfe , quoique peu d'accord avec celui de la modeftie, ne me permet pas de rien taire.

dont tout l'avantage étoit pour les intérêts de la Colonie.

De plus, en restant encore vingt-quatre heures à *Thiagar*, l'impossibilité d'en sortir, me réduisoit à celle de rien faire pour le bien de la Colonie, & sans excuse pour une semblable inaction.

Si l'on se donne la peine de réfléchir sur les raisons que je viens d'exposer, on sera convaincu que la prudence la plus soupçonneuse & la plus clairvoyante n'auroit pas pris un parti différent du mien, n'auroit pas formé le doute le plus léger sur l'existence du traité, & se seroit livrée à l'espoir d'en tirer l'avantage qu'il promettoit à la Colonie.

Ce qui justifie surabondamment l'existence du traité, & la régularité de ma conduite, ce sont les efforts que les Anglois ont fait pour le rompre : si ce traité n'avoit pas été réel, auroient-ils donné sept lacs de roupies, & des présens considérables, pour gagner *le Chef des Marrattes?* Auroient-ils fait ce sacrifice, s'ils n'avoient pas craint qu'avec ce secours, je n'allasse dégager *Pondichéry?* Tout, jusques à la conduite des Ennemis, sert à prouver que je n'ai eu en vue que le bien de la Colonie, & que je ne pouvois mieux lui marquer mon zèle, ni mieux remplir mon devoir, qu'en prenant le parti que j'ai pris.

Enfin sur cet objet capital, je renvois à l'aveu que les sieurs *Genet* & *Ligny* ont fait à la confrontation de l'existence du traité, l'un en convenant que *le Brame Chamarao* l'avoit rompu, l'autre en rejettant cette infraction sur le sieur de *Noroigne.*

5°. On m'accuse d'être allé chez les *Marrattes* pour m'y enrichir, & d'y avoir resté un an dans cette vue, rien n'est moins fondé que ce reproche; ce qui le renverse de fond en comble, & en deux (*a*) mots, c'est que je n'ai resté

---

(*a*) Le désir de me trouver coupable, & ce seul désir, est le motif visible de toutes les accusations dirigées contre moi ; mon prétendu séjour d'un an chez les *Marrattes* est l'acte le plus remarquable de la *bonne foi* de mes ennemis.

Pour donner une preuve différente de la mienne sur l'objet qui paroît le plus intéresser, j'annonce ici qu'on trouvera à la fin de cette première Partie une copie fidelle de mon *Journal*, à commencer du 22 Août 1760, jour de mon départ de *Pondichéry*, jusqu'au 16 Août 1761, jour de mon embarquement pour revenir en *Europe.*

L'histoire de ce détachement prétoit naturellement à la méchanceté de mes accusateurs : ils n'ont eu garde de manquer l'occasion de la morceler ; ce moyen étoit le seul qui pût mieux aller à leurs vues. Une fois parti de *Thiagar* pour le camp des

chez les *Marrattes* que dix jours : j'arrivai à leur camp le 22 Décembre, & j'en partis le premier Janvier.

D'après ces éclaircissemens, que peut-on m'imputer au sujet du Fort de *Thiagar*? Mais la Compagnie ne l'a-t-elle pas recouvré lors du Traité de paix? Si, par le malheur des circonstances, je n'ai pu lui conserver ce Fort qui a fait une plus belle défense que tous les Forts de *l'Inde* ensemble, du moins mes heureuses dispositions l'avoient remis en son pouvoir; pourquoi donc me chercher un crime où je devrois plutôt m'attendre à des récompenses?

Me voyant trompé par les *Marrattes*, j'assemblai un Conseil de Guerre, pour délibérer sur le parti que nous avions à prendre. Il y fut résolu que nous irions demander du secours aux *Mayssouriens*. Les Officiers promirent d'aider de leurs bourses pour fournir aux frais de la route, & ceux qui avoient deux chevaux, s'engagerent à en vendre un pour le même objet. Mais ils furent loin d'exécuter leurs promesses. Je comptois sur le produit d'une vente qu'ils ne firent pas; ils vendirent, il est vrai, les chevaux de leurs déserteurs, mais ils s'en approprierent l'argent. Je fus donc réduit à me défaire de mon équipage & de tous mes effets; j'engageai même une bague de famille à un de mes Officiers. Ce qui me força à prendre le parti d'aller au *Mayssour*, c'est que les Cavaliers déclarerent hautement qu'ils ne descendroient pas à *la côte* sans les *Marrattes*.

Nous arrivâmes au Camp des *Mayssouriens* le 22 Janvier 1761. Leur Chef *Heiderfaïb* nous reçut amicalement, & nous promit de marcher avec son armée & son trésor, au secours de *Pondichéry*, dès qu'il seroit parvenu à réduire son adversaire, ou à s'accommoder avec lui.

Cette promesse, & l'espérance de parvenir à mon principal objet, qui étoit de délivrer *Pondichéry*, m'engagerent à offrir mes efforts à ce Chef, & à lui accorder un détachement

*Marrattes*, je ne doute point qu'on ne m'ait peut-être vu sous les plus noires couleurs; subsisteront-elles? Peuvent-elles, doivent-elles subsister? Au reste, cette copie exacte de mon *Journal*, pourra fournir, sans que j'en fasse l'application, plus d'une occasion de remarquer combien à tous égards ma conduite a été nette & exemte de toute espéce de blâme.

chement qu'il me demanda le premier Février pour aller faire des courses pendant quelques jours.

Ayant toujours sous les yeux les intérêts de la Colonie, & me trouvant alors à portée *de Mahé* sur la *côte Malabare*, j'y envoyai le sieur *Duflot*, Officier de Vaisseaux, avec ses soldats de marine, pour engager le Commandant de cette place à faire passer des vivres à *Pondichéry*. Le sieur *Duflot*, ayant trouvé *Mahé* investi par un Régiment Ecossois, fut obligé de revenir sur ses pas.

Le détachement qui avoit suivi le Chef des *Mayssouriens*, me rejoignit le 24 Février, un moment avant la bataille que gagna *Heydersaïb* sur son adversaire, & ce fut après cette victoire à laquelle ma troupe que je commandois, avoit beaucoup contribué, que nous apprîmes la reddition de *Pondichéry*.

A peine cette triste nouvelle se fut-elle répandue, que les Officiers de ma troupe éclaterent en propos injurieux contre moi; à l'instant & à mon insçu, ils eurent la bassesse de consommer cet étrange marché dont j'ai parlé d'abord, avec le Chef *Heydersaïb*, à l'instigation de ce même *Macdousaïb*, qui s'étoit si insidieusement conduit à l'affaire du camp de *Retnay*, que j'en avois fait punir, qui ne pouvoit me pardonner sa disgrace, & dont mes Officiers surent ainsi mettre le ressentiment à profit .... J'abrege leurs horribles machinations pour venir à l'événement. Le 10 Mars, la rébellion éclate, les Officiers du détachement que je commandois, usurpent l'autorité dont j'étois revêtu; ils s'en servent pour passer la revue signalée devant le Chef noir, & constatent ainsi l'arrangement fait avec lui, malgré les représentations les plus pressantes & les oppositions les plus fortes de ma part.

Pour mettre le comble aux outrages dont cette troupe rebelle m'accabloit, elle ne rougit pas de détacher des révoltés, qui me suivirent jusques *à la côte* pour y vomir mille horreurs contre moi. J'avois même raison de craindre qu'ils n'en voulussent à ma vie, & le (6) Chef de ces malheureux n'échapa à mon juste ressentiment que par la fuite.

Il seroit également injuste de me faire un crime d'avoir été chez les *Mayssouriens*, & de m'accuser d'y avoir resté pour m'enrichir. Ce double reproche feroit anéanti par des faits conſtans & notoires. Il ſuffit de les expoſer avec quelques courtes réflexions, pour juſtifier ma conduite, & diſſiper juſqu'à l'ombre du ſoupçon.

Il n'eſt pas aiſé de peindre toute l'horreur de ma ſituation lorsque, contre toute apparence, les *Marrattes* refuſerent de marcher avec nous au ſecours de *Pondichéry*. Non ſeulement je regrettois les préſens conſidérables que nous avions faits à leurs Chefs, car le ſieur de *Noroigne* & *Ramelinga* avoient emprunté pour cet objet ſix mille roupies, & nous leur avions tous * donné nos montres ; mais ce qui me plongeoit encore plus dans l'inquiétude, c'eſt que cette noire trahiſon m'ôtoit l'eſpérance que j'avois conçue de délivrer promptement *Pondichéry*.



Le premier deſſein qui ſe préſenta à mon eſprit, fut de descendre à la côte pour me rapprocher de *Pondichéry* ; mais la *cavalerie*, privée du ſecours des *Marrattes*, refuſa de m'y ſuivre. Dans cette cruelle extrémité, je pris le parti que preſcrivent, en pareil cas, les loix militaires ; j'aſſemblai un Conſeil de guerre. Le ſieur *Chamboran*, Officier majôr de la *cavalerie*, nous aſſura que cette troupe perſiſtoit dans la réſolution de ne pas descendre à la *côte* ſans les *Marrattes*. Là-deſſus tous les Officiers de mon détachement, & pluſieurs autres perſonnes (7) qualifiées qui étoient préſentes au Conſeil, furent d'avis de nous rendre au *Mayſſour*, pour tâcher de nous procurer le ſecours des *Mayſſouriens*. Cet avis fut tellement goûté de tout le monde, que, quoiqu'il fût nuit, les Officiers voulurent ſortir ſur le champ du camp des *Marrattes*, & firent même le lendemain une marche ſans moi, parce que j'étois reſté en arriere pour faire ſuivre une vingtaine de nos malades.

Ce ſeul fait, très-connu, trop public pour pouvoir être révoqué en doute, me dispenſeroit d'en rapporter d'autres pour ma juſtification. C'eſt un principe inconteſtable dans le ſervice militaire, que tout Officier qui ne ſe conduit qu'en conſéquence d'un Conſeil de guerre, eſt irréprochable.

Mais je pourrois encore, s'il en étoit beſoin, étayer le principe par les raiſons les plus ſolides, & démontrer que le

parti que j'ai pris de me rendre au *Mayſſour*, ſur le réſul-
tat d'un Conſeil de guerre, étoit le ſeul praticable , & 
que la ſouveraine Loi de la néceſſité ne m'en laiſſoit point 
d'autre.

Je ne pouvois pas deſcendre à *la côte* pour me rapprocher de *Pondichéry*, puisque , comme je l'ai dejà dit, & 
comme le ſieur *Chamboran* l'avoit affirmé en plein Conſeil 
de guerre, la *Cavalerie* ne vouloit pas y aller ſans les *Mar-*
*rattes.*

D'après cette réſolution *de la Cavalerie*, où aller par préférence , qu'entreprendre en effet d'utile pour la Colonie ? Par 
quel endroit faire acte de zèle ? Comment me rapprocher de 
*Pondichéry ;* & dans le cas où la choſe eût été praticable, comment me promettre, avec auſſi peu de monde, que je re-
tarderois d'un ſeul inſtant la reddition de cette Place ?

D'ailleurs, toutes les manœuvres que l'on emploie pour 
retarder la reddition d'une Place, ne ſont bonnes que 
lorſqu'on attend du ſecours, & qu'il eſt néceſſaire de gagner du tems pour donner au ſecours celui d'arriver; mais 
nous n'étions pas dans cette ſituation , nous n'attendions 
aucune reſſource, nous étions livrés à nous-mêmes, nous 
manquions de tout. . . . . . D'où il s'enſuit que tout moyen 
qui n'auroit pas tendu à dégager *Pondichéry* , à faire lever le 
ſiége, auroit été un moyen inſuffiſant. Je ne pouvois donc 
ſecourir réellement *Pondichéry,* qu'en me procurant des forces ſuffiſantes pour le délivrer, & ces forces je ne pouvois 
les trouver que chez les *Mayſſouriens.*

En effet, il n'y avoit dans cette partie *de la presqu'iſle de* 
*l'Inde* que forment *les côtes de Malabar* & *de Coromandel*, 
que les *Marrattes*, le *Nabab de Velours*, le *Roi de Tanjaour* 
& les *Mayſſouriens* auxquels je puſſe recourir. Les *Marrat-*
*tes* venoient de nous traiter honteuſement ; il ne falloit plus 
compter ſur eux, le *Nabab de Velours* , Prince irréſolu, 
timide & politique , avoit d'ailleurs, trop peu de reſſources pour nous fournir un ſecours ſuffiſant. Le *Roi de Tan-*
*jaour* étoit notre ennemi déclaré. Il ne reſtoit donc *que le* 
*Roi de Mayſſour* qui pût nous aider à faire changer la face 
des affaires : le parti que je pris de me rendre chez les *Mays-*

*ſouriens*, étoit donc un parti forcé, un parti dicté par une nécessité absolue.

De plus, j'avois tout lieu de croire que je trouverois chez ce peuple un ſecours que je ne pouvois trouver ailleurs. *Heyderſaïb*, *Généraliſſime* des troupes du Roi de *Mayſſour*, aimoit les François; il nous en avoit donné des preuves convaincantes en envoyant des ordres pour qu'on nous rendît *Thiagar*, & en faiſant exiler ſon Beaufrere *Macdouſaïb*, parce qu'il n'avoit pas voulu ſecourir *Pondichéry*.

Enfin je ne pouvois enviſager dans cette démarche que le bien de la Colonie; ſi je n'euſſe conſulté que mon intérêt perſonnel, je me ſerois oppoſé à ce deſſein. J'étois l'auteur de la diſgrace de *Macdouſaïb*, par les avis que j'avois donnés à *Heyderſaïb* ſur ſa perfidie, je n'ignorois pas que les Noirs ſont d'un caractere vindicatif, & qu'ils n'épargnent aucun crime pour aſſouvir leur reſſentiment; je voyois qu'en allant au *Mayſſour*, je courois au-devant de la vengeance de *Macdouſaïb* : il n'y avoit donc que mon zèle pour le bien de la Colonie, qui pût l'emporter ſur une conſidération ſi naturelle.

Si l'on raſſemble ces circonſtances, la déciſion d'un Conſeil de Guerre, l'impoſſibilité de trouver ailleurs que chez le *Roi de Mayſſour* le ſecours qui nous étoit néceſſaire, l'intérêt perſonnel que j'avois à m'oppoſer à cette réſolution, on ſera pleinement convaincu de la droiture de mes intentions & de la ſageſſe de ma conduite.

Le motif qui m'a retenu chez les *Mayſſouriens*, eſt auſſi pur que celui qui m'y avoit conduit. Je l'ai expoſé plus haut, & il eſt bien oppoſé aux vues qu'on me prêteroit d'y avoir reſté pour m'enrichir.

Cette imputation ſeroit encore détruite par les faits, & manqueroit même de vraiſemblance.

Je n'ai vu le Chef des *Mayſſouriens* que trois ou quatre fois, & toujours accompagné de mes Officiers qui me ſervoient d'interprêtes. Jamais je n'ai reçu de lui ni gratifications, ni préſens, pas même un compliment pour la bataille que je l'avois aidé à gagner. Ce Chef a ſimplement fourni à ma troupe la ſubſiſtance ou le *batte* ſur mon reçu, &

conformément à un état que j'en fis dresser en présence &
du consentement de tous les Officiers du détachement. J'ai
même le compte de tout ce que j'ai touché & l'emploi
jour par jour que j'en ai fait. Celui de mes propres fonds,
pour le bien du service, n'est point équivoque: si je ne l'eusse pas appliqué à cet usage dans un Pays où il importe d'en
imposer aux yeux par l'éclat extérieur, ne m'en serois-je
pas plutôt servi pour embellir mon équipage, & donner à
ma suite cet extérieur imposant ? Ne l'ayant pas fait, il est
démontré par cet emploi différent & plus nécessaire de
mes propres deniers, que j'étois bien éloigné d'avoir même l'idée de m'enrichir.

Mais est-il vraisemblable que le Chef des *Mayssouriens*
m'eût donné de l'argent pour m'engager à rester ? La promesse qu'il me faisoit de secourir *Pondichéry*, n'étoit-elle pas
un motif assez puissant pour me retenir, & me porter à lui
donner du secours pour réduire son Adversaire? Est-il vraisemblable qu'il m'ait comblé de biens, lui qui me laissa
traiter d'une maniere si étrange par mon détachement ? Est-
il vraisemblable que je me sois enrichi dans le court espace
de tems que j'ai resté chez les *Mayssouriens* ? Est-il vraisemblable que, pour m'enrichir, j'ai ravagé, pillé un Pays où
j'allois demander du secours ? L'auroit-on souffert ? Ne m'auroit-on pas chassé ou taillé en piéces ? D'où aurois-je donc
tiré ces chimériques trésors ? Où me les a-t-on vus ? Où sont-
ils ?... N'est-il pas bien malheureux pour un honnête homme
d'avoir à défendre sa réputation contre des soupçons injurieux, dénués de toute preuve & de toute vraisemblance !

Je ne me suis arrêté aussi long-tems sur cet article, que
parce que je sais de quoi mes ennemis sont capables, & que
mon innocence sur le séjour que j'ai fait dans les Etats du
*Roi de Mayssour*, est trop éclatant, pour ne pas prévenir
les accusations que la plus noire méchanceté pourroit leur
suggérer.

Mais on m'impute *la perte de cette Cavalerie*, & l'on dit
que j'ai été la cause qu'elle s'est *fondue dans l'armée noire*.
Ce reproche est destitué de tout fondement: j'ai laissé la
troupe au *Mayssour* dans le même état où elle étoit quand

je l'y ai amenée. On ne doit attribuer les pertes précédentes, & celles qu'on pourroit avoir faites depuis, qu'aux propos féditieux de mes Officiers qui, pour la plûpart, comme je l'ai déja dit, n'avoient pas les fentimens de leur état, & portoient les Soldats les mieux intentionnés à l'indépendance & à la révolte. La *Compagnie* n'ignore pas la mutinerie de cette troupe, & devroit fe confoler plus aifément de fa perte. Je demande fi un *Général* eft responfable de la défertion des Soldats, fi un *Capitaine* doit être puni de la défection de fa Compagnie, à moins qu'ils n'en foient eux-mêmes les auteurs ? Mes ennemis ne prouveront jamais que j'aye contribué à l'indigne conduite de cette troupe, & tout ce que j'ai fait, prouve au contraire que je ne cherchois qu'à la conferver pour le bien de la Colonie. Elle auroit toujours exifté, fans être même prifonniere de guerre, fi les Officiers, par leurs discours & leur exemple, n'avoient porté les Soldats à la desobéiffance.

Malgré le cruel traitement que j'en avois reçu le 10 Mars, je fus encore néceffité d'être quelque tems le témoin des fuites de leurs déportemens ; l'impoffibilité de traverfer les montagnes, me força de refter à l'armée noire jusqu'à la fin du mois.

Ce ne fut que dans les premiers jours d'Avril, qu'après avoir long-tems erré dans un pays inconnu, & avoir effuyé des peines infinies, que j'arrivai à *Trainquebar*, établiffement Danois. Les Hollandois & les Danois ne voulurent pas, par égard, ou par ménagement pour les Anglois, me permettre de m'embarquer fur un de leurs vaiffeaux. Dépourvu de tout, réduit à l'affreufe extrémité de ne pas trouver un afyle chez les nations neutres, j'intéreffai l'humanité des ennemis. Je m'adreffai au Gouverneur *de Madras*, & le priai de me laiffer embarquer fur un vaiffeau Anglois ; mais toujours esclave de l'honneur, je ne lui demandai ce fervice que fous la condition expreffe que je ne ferois pas prifonnier de guerre ; il me le promit, & fur cette affurance, je me rendis *à Madras* : je m'embarquai pour *l'Europe* le 16 Août.

Tout me donne lieu de croire que je n'ai jamais été regardé comme prisonnier; je n'ai reçu *à Madras* ni argent, ni subsistance; je n'ai signé que la feuille du Capitaine du vaisseau, pour remplir les formalités qui concernent *le fret*. Etant arrivé en *Angleterre*, le Secrétaire d'Etat m'a accordé un passeport pour revenir en France, au moment que je l'ai demandé. Ces circonstances m'ont toujours fait penser que le Gouverneur *de Madras* m'avoit tenu sa parole, & que je n'ai pas été prisonnier.

Si l'on considere la raison capitale, ma qualité de *Sujet né du Roy d'Angleterre*, qui devoit me faire craindre de m'exposer à l'être, on se convaincra mieux que la nécessité seule put me résoudre à recourir aux *Anglois*, auprès desquels je rougis, pour mes ennemis, d'avoir à dire qu'ils firent d'odieuses tentatives, pour me rendre suspect, en leur mettant même sous les yeux mon attachement à la Famille des *Stuards*, & en faisant passer jusqu'à *Londres* les préventions qu'y devoit inspirer contre moi ce même attachement.

Quand j'aurois été *prisonnier*, la cruelle position où je me trouvois, & les précautions que j'avois prises pour n'être pas regardé comme tel, doivent me servir d'excuse : plusieurs Officiers se rendirent prisonniers, même avant la prise de *Pondichéry*, & on ne leur en a pas fait un crime : serois-je assez malheureux pour ne devoir pas prétendre à la même faveur ?

Tel est le précis des faits essentiels qui justifient ma conduite, qui démontrent mon innocence, qui confondent les impostures de mes ennemis. Ils ont pu par de lâches calomnies me ravir la liberté, mais ils ne pourront jamais m'ôter le témoignage de ma conscience, les sentimens de l'honneur, les consolations de la probité. Ils ont pu faire emprisonner l'innocent, mais l'innocence est toujours libre, toujours invincible * : *nos virtutem semper liberam volumus, semper invictam.* Je ne m'attendois pas à trouver une prison dans le sein de la France que je chéris comme ma patrie, à qui j'ai consacré ma vie dès ma plus tendre jeunesse, & pour laquelle je suis toujours prêt à répandre jusques à la derniere goutte de mon sang. Il est fâcheux pour un Citoyen

* *Cic. Tuscul. quæst. lib. 5.*

d'être privé des douceurs de la société ; il eſt triſte pour un époux de ſe voir ſéparé d'une épouſe inconſolable : il eſt cruel pour un pere de ne pouvoir pas goûter le plaiſir de voir le premier & tendre fruit d'une union qui faiſoit ſa félicité ; mais ces épreuves de la Juſtice ne ſervent qu'à relever l'éclat de la vertu : le triomphe de la calomnie n'eſt pas durable ; je crois déjà toucher à la fin de mes malheurs : je vois dans les reſpeƈtables Miniſtres des loix les juſtes vengeurs de mon innocence.

NOTES.

## NOTES SUR LA PREMIERE PARTIE.

(1) JE vais en préfenter ici une partie : *Macdoufaïb* exigea d'abord, pour entrer dans mes vues fur le camp de *Retnay*, que je lui donnaffe dix mille cartouches & une certaine quantité de pierres à fufil ; je confentis à ce facrifice.

Puis, il imagina, contre mon projet, la proximité de *Valdaour*, qui pourroit aifément fecourir le camp de *Retnay ;* je détruifis cette allégation.

Enfin, il auroit voulu que je le gratifiaffe de vingt mille roupies, & c'eft ce qu'il ne m'étoit pas poffible de lui accorder ; car où les aurois-je prifes ?

Qu'on rapproche ces prétentions de *Macdoufaïb* ( en rappellant fes prétextes pour ne pas escorter le convoi que j'avois trouvé à *Gingy* ) de la lenteur qu'il mit dans fa marche pour me joindre au moment convenu, de l'heure à laquelle il me joignit , du renfort venant du côté de *Valdaour*, qui fuivit de fi près notre jonction , de la date du jour de fon rappel, enfin de toutes les circonftances de fa conduite, & il reftera démontré, 1°. Que *Macdoufaïb* voué, & voué de longue main à l'ennemi, l'avoit prévenu. 2°. Qu'il n'avoit cherché en temporifant qu'à voiler, qu'à colorer fa lâche trahifon. 3°. Enfin que fi le projet le mieux vu échoua, cette disgrace ne fçauroit m'être imputée, puisque j'avois tout fait pour réuffir.

(2) *Thiagar* étoit au pouvoir des *Mayffouriens*. Le traitre *Macdoubfaïb* nous ayant annoncé qu'il étoit rappellé au *Mayffour* , je formai dès-lors le projet de m'emparer de ce pofte important.

Nous arrivâmes aux environs de *Thiagar* le 13 Septembre. En attendant le moment favorable d'exécuter mon projet, je ramaffai toutes les troupes noires de nos poffeffions d'*Ouliguilienours* pour escalader le fort de *Chinimangalon ;* mais ces troupes qui avoient à leur tête le Receveur de ces mêmes poffeffions, profiterent de la nuit pour m'abandonner, & leur défertion fit manquer mon deffein.

*Macdoufaïb* quitta *Thiagar* le 20 Septembre, & y laiffa une garnifon qui me regardoit comme un ennemi déclaré, & qui ne voulut pas me permettre de placer mon Hôpital dans l'enceinte, même extérieure, du Fort.

Le 25, mes espions me rapporterent que je devois être attaqué. Je me mis auffitôt en état de défenfe : mais la cavalerie blanche fai-

D

fit ce moment pour fe révolter , & fut bientôt à cheval pour fe débander ; j'eus bien de la peine à appaifer cette fédition excitée par les fieurs *Ligny* , *Desjardins* & *Mallet*.

Le Général , inftruit de ma cruelle pofition, me rappella à *Pondichéry* par deux billets confécutifs le 27 & le 28 , je me mis en devoir de m'y rendre ; je marchai le 29 avec un convoi confidérable.

Le torrent m'arrêta pendant vingt-quatre heures. J'appris que ma marche étoit éventée, & que l'ennemi m'attendoit. J'affemblai un Confeil de Guerre dans lequel il fut décidé que nous irions à *Gingy* ; nous y arrivâmes le 2 Octobre.

Pendant notre féjour à *Gingy* , je vis le traité fait avec les *Marrattes* ; on le portoit à *Pondichéry*. Cette nouvelle me fit reprendre le deffein de m'emparer de *Thiagar* qui devenoit pour nous un pofte indifpenfable. Je reçus le confentement du Général , & je partis de *Gingy* le 19.

En partant de *Gingy* , je reçus un paquet du fieur *Desjardins* contenant l'ordre de me mettre en poffeffion de *Thiagar* , & une lettre de lui qui me marquoit que cette poffeffion étoit encore douteufe, le Commandant *Mayffourien* voulant garder le Fort pour lui.

J'arrivai à *Thiagar* le 21. Je trouvai le Commandant bien plus indifpofé contre nous que je ne m'y attendois , par une manœuvre précipitée du fieur *Desjardins* qui lui avoit intercepté quelques *Cypahys*. Pour gagner la confiance de ce Commandant , je m'expofai feul à entrer dans fon Fort ; ma fécurité l'ébranla. Durant nos pourparlers , ayant compris qu'il fe propofoit d'appeller l'ennemi & de lui vendre ce Fort , j'amenai naturellement une foule de ces confidérations qui firent de ma fermeté un fujet louable d'étonnement pour lui , & quoiqu'il y eût un risque éminent pour moi dans la démarche que je faifois , je lui en impofai par ma contenance , & le féduifis par mes manieres. Alors je lui fis des propofitions en préfentant tour-à-tour avec adreffe mes droits , mes befoins preffans & mes forces. Il goûta mes raifons , & dans vingt-quatre heures je fus maître du Fort. Ainfi , fans perdre un homme , fans tirer un coup de fufil , je remis au pouvoir de la Colonie une poffeffion très-importante ; de quelque autre maniere que je m'y fuffe pris , la tentative feule auroit au moins couté la moitié de mon détachement.

La poffeffion de *Thiagar* me donnoit de nouveaux avantages pour travailler au bien de la Colonie ; je ne les négligeai pas. Je mis fes dépendances à couvert d'infulte, je mis le Fort en état de défenfe par le rétabliffement de fes enceintes , de fes logemens tombés en ruines & de fes magafins , que *Macdoufaïb* avoit vuidé en défarmant le Fort de fes meilleures piéces. Je fis partir plufieurs convois pour *Pondichéry* , je fis une nouvelle tentative fur *Chinimangalon* , & mon projet ne manqua; que parce que les *Mayffouriens* refuferent de tirer en l'air pour protéger l'escalade. J'affoiblis & j'inquiétai l'ennemi en faifant revenir nos déferteurs par des billets que je leur fit paffer; je le tins toujours en refpeſt, & quoiqu'il eût des forces fupérieures, il m'a fouvent menacé, mais n'a jamais ofé m'attaquer.

Enfin je ne quittai *Thiagar* qu'après avoir mis toutes chofes en bon état, & j'y laiffai une garnifon fuffifante pour le défendre, d'autant plus que je croyois revenir avec les *Marrattes* dans une quinzaine de jours.

Aurois-je pu m'attendre qu'une conduite auffi réguliere dût fervir un jour de prétexte aux accufations flétriffantes dont mes ennemis me chargent ?

(3) Il eſt effentiel de donner une légere idée de ces Peuples. Les *Marrattes* font fort riches, belliqueux & braves, quoiqu'ils n'ayent qu'un *Brame* pour Maître. Cette Nation, toute guerriere, a fouvent inquiété les grandes Puiffances de l'*Inde*, auxquelles les *Marrattes* ont enlevé des provinces entieres. Les Princes, dont les poffeffions avoifinent leur pays, les refpeſtent, les ménagent & les craignent. L'arme blanche eſt celle dont les *Marrattes* fe fervent avec plus d'avantage ; c'eſt en envoyant annuellement des armées dans chacune de fes provinces, & fous ces aufpices de la force, que le Souverain de cette Nation extraordinaire, fait la levée de fes revenus & des droits qu'il impofe : c'eſt un moyen pour lui de faire fubfifter fans frais fes troupes, quand il ne trouve point à les louer ; occafion qu'il ne manque jamais, & qu'il eſt fans ceffe à chercher.

(4) On me fait un crime d'avoir quitté *Thiagar* pour me rendre au camp des *Marrattes*, & on me reproche d'avoir pris pour prétexte de cette démarche, un *traité qui*, dit-on, *n'exifta jamais.*

Je pourrois me contenter de répondre qu'il ne fuffit pas, pour rendre un homme coupable, de nier en France, un fait notoire dans l'Inde. Mais pour dévoiler entierement l'injuſtice de mes ennemis, je vais oppofer à ce reproche des raifons qui démontrent; 1°. Que ma conduite a été approuvée *du Général*; 2°. Que *le Général* avoit reçu comme moi des lettres du Chef des *Marrattes* qui lui affuroit l'exiſtence du Traité avec cette Nation, & qu'il ne doutoit pas, non plus que moi, que ce Traité ne fût réel, comme il l'étoit en effet.

Ces raifons ne font pas le fruit des conjeſtures, elles ont pour bafe les faits fuivans :

Le Chef des *Marrattes* m'avoit écrit que tout étoit conclu, que je pouvois me rendre à son camp pour marcher ensemble vers *Pondichéry*. Par le même courier, il écrivoit aussi au Comte *de Lally*, que tout étoit conclu, & qu'il envoyât quelqu'un à son camp pour remplir les engagemens du Traité. J'écrivis moi-même plusieurs fois au Comte *de Lally* en lui envoyant copie de toutes ces lettres, & ne recevant point de reponse, je me déterminai à partir pour le camp *des Marrattes*. Le sieur de *Noroigne* me joignit en chemin, & me dit que *le Général avoit craint que je n'eusse pas pris ce parti qu'il m'avoit écrit par lui, mais qu'il avoit perdu la lettre.*

Le sieur de *Noroigne* étoit parti de *Pondichéry* avec *la Compagnie Portugaise*, le sieur *Hinnegan* s'étoit joint à lui. Il avoit passé à *Trainquebar* où il avoit pris aussi un détachement *de notre Marine.* Le sieur de *Noroigne* se rendoit avec ces troupes au camp des *Marrattes*, elles étoient dans la plus grande misére quand elles me joignirent.

Les sieurs *Ligny* & *Desmoulins* s'étoient aussi rendus, de *Gingy* au camp des *Marrattes*: d'après les assurances du *Nabab de Velours* & *d'Hassedsaïb*, que le Traité étoit conclu, pour presser davantage les *Marrattes* à descendre au secours de *Pondichéry*.

De cette naïve exposition des faits, il résulte 1°. Que le *Général* a approuvé le parti que j'avois pris de quitter *Thiagar*, pour me rendre au camp des *Marrattes*. Le propos que me tint le sieur *de Noroigne*, ne laisse aucun doute sur cet article. Or, des Officiers subalternes, tels que sont mes accusateurs, ont-ils jamais eu le droit de blâmer la conduite d'un Commandant d'un Corps, lorsqu'elle est approuvée par le *Général* ? N'est-il pas inoui que des Officiers subalternes veuillent s'établir les Juges de leur Commandant & de leur *Général* ? Devroit-on même en pareil cas recevoir leurs dépositions ?

Il résulte, 2°. Que le Comte *de Lally* avoit reçu la lettre du Chef des *Marrattes*, & les miennes, & qu'il ne formoit aucun doute sur l'existence du Traité. ; car ce ne peut être qu'en conséquence de ces lettres, que le Comte *de Lally* fit partir le sieur de *Noroigne* de *Pondichéry*, & sur des avis équivalens, que les sieurs *Ligny* & *Desmoulins* partirent de *Gingy* pour aller chez les *Marrattes*. Sur quel autre fondement le *Général* y auroit-il envoyé le sieur de *Noroigne* avec un détachement considérable ? N'est-il pas évident qu'il n'a pu se porter à cette démarche, que parce qu'il avoit reçu les lettres du Chef des *Marrattes* & les miennes, qu'il croyoit que tout étoit arrangé pour le Traité, & qu'il vouloit par ce renfort me mettre plus en état de tirer parti des *Marrattes* ? Par quel autre motif enfin les sieurs *Ligny* & *Desmoulins* quitterent-ils *Gingy* pour se rendre chez les *Marrattes* ?

Quand on ne peut donner à une opération militaire qu'un seul motif raisonnable, n'est on pas en droit de conclure qu'elle n'en a pas eu d'autre ? Il doit donc demeurer pour constant que le Comte *de Lally* avoit reçu les dépêches du Chef des *Marrattes*, ainsi que mes lettres, & que le Traité qu'on veut aujourd'hui faire passer pour une chimere, existoit réellement.

La seule démarche du *Général* en démontre l'existence, puisque cette démarche ne peut être qu'une suite du Traité.

De cela seul, que des Troupes françoises ont passé dans l'*Isle de Corse*, on en infere qu'il y a un Traité quelconque entre *la France* & *la République de Genes*. Lorsque, dans la derniere guerre, on vit tout à coup vingt mille *Russes* passer dans le camp *Prussien*, on conclut qu'il y avoit un Traité entre le *Roi de Prusse* & le nouvel *Empereur de Russie*. Par la même raison, de cela seul que le Comte *de Lally* fit partir le sieur de *Noroigne* avec un détachement pour le camp des *Marrattes*, tout homme judicieux conclura qu'il y avoit un Traité entre les *François* & les *Marrattes*.

Le reproche qu'on me fait, tombe donc de lui-même, & ne sert qu'à relever mon innocence, & la calomnie de mes ennemis.

(5) L'objet du sieur *Mallet* étoit en effet de souffler la haine, la discorde & la division. Je l'ai toujours fortement soupçonné d'avoir été l'instrument des passions d'un certain Corps d'ennemis que j'avois laissé à *Pondichéry*, & comme simple *Employé* de la Compagnie, on sent combien il dût chercher à mériter auprès de ce Corps : aussi, à la faveur d'un de ces caracteres flexibles, faits pour entraîner & pour séduire, parvint-il par ses insinuations à faire méconnoître dans mon détachement, toute discipline, toute subordination. Je fus obligé, dans une circonstance où le sieur *Mallet* me poussa à bout, d'en venir à la menace de le faire lier. A combien de ces extrémités désespérantes, ai-je quelquefois été forcé de recourir pour que le service se fît !

(6) Je veux parler du sieur *Bynt*, Officier d'Hussards, également méchant & lâche, également fourbe & cruel. Le sieur *Sylva*, Employé de la Compagnie, & attaché à *Ramelinga*, m'a déclaré à *S. Thomé* devant plusieurs témoins, que le sieur *Bynt* lui avoit présenté un papier à signer contre moi en tenant le sabre élevé. Je ne doute point que ce scélérat n'ait arraché de *Sylva* & même de *Ramelinga*, quelques écrits contre tous ceux que ces excès avoient indigné & révolté.

(7) Notamment le sieur de *Noroigne*, recommandable par des connoissances réelles sur toutes ces régions de l'*Inde*, particuliere-

ment fur le caractere ; les mœurs, les ufages des peuples qui les habitent, par la facilité avec laquelle il parloit les différents idiômes de chacune de ces nations, enfin par le zèle qu'il m'a laiffé voir pour la nôtre, 1°. chez les *Marrattes*, où chargé de confommer l'exécution du Traité, j'ai été le témoin de fes agitations & de fes regrets. 2°. A l'inftant du Confeil de guerre, ou par préférence à celui de tout autre, fon avis d'aller au *Mayffour* devoit avoir quelque prépondérance, parce que plus au fait, mieux inftruit, il étoit auffi intéreffé à nous donner le meilleur. 3°. Au *Mayffour* où il a travaillé avec zèle auprès d'*Heyderfaïb*, & où il eût également travaillé avec fuccès, fi les Officiers du détachement n'euffent traverfé les opérations de ce Négociateur.

# COPIE FIDELE DU JOURNAL

*que j'ai tenu depuis mon départ de* Pondichéry,
*le* 22 *Août* 1760, *jusqu'à mon embarquement à*
Madras *le* 16 *Août* 1761.

*M O I S.    J O U R S.*

AOUT, 1760.  Du 22 au 23.  De Pondichéry au Fort de Trividy.
   Le 24.  A Trivannalours.
   Le 25.  Au Fort de Ponnemalet.
   Le 26.  Vers Gingy.
   Le 27.  A Gingy.
   Du 29 au 30.  Au camp de Retnay.
   Le 30.  Je revins à Gingy.

SEPTEMBRE.
   Le 8.  Au Fort de Thiagar.
   Les 9 & 10.  Je fus retenu par le torrent *le Poignard.*
   Le 11.  Je paffai ce torrent.
   Le 13.  J'arrivai à Thiagar.
   Le 16.  Je partis de Thiagar pour aller à Chiniman-
     galon.
   Le 17.  Je revins à Thiagar.
   Le 29.  Je partis de Thiagar pour Pondichéry, *par*
     *ordre du Général.*

OCTOBRE.
   Le 1.  Je paffai le torrent & m'acheminai vers Gingy.
   Le 2.  J'arrivai à Gingy.
   Le 19.  De Gingy je m'acheminai vers Thiagar.
   Le 21.  J'arrivai à Thiagar.
   Le 22.  Je pris poffeffion du Fort de Thiagar.
   Le 31.  Mon projet fur Chinimangalon ayant manqué,
     je vins reprendre ma fituation, & opérer.

DÉCEMBRE.
   Le 6. (*a*) Je partis de Thiagar pour le camp des Mar-
     rattes.
   Le 7.  J'arrivai à Atour.

---

(*a*) C'eft ici le lieu de dire que jusqu'à ce jour 6 Décembre, indépendamment des *Troupes noires* enne-
mies qui couvroient le Pays, le fieur *Prefton* m'obferva conftamment avec un Corps de 600 *Blancs,*
foutenus de quatre mille hommes tant *Cypahys,* que *Cavalerie noire,* & douze Piéces de campagne.

| | | |
|---|---|---|
| Decembre. 1760. | Du 8 au 12. | J'eus toujours à traverfer des bois, & des montagnes à franchir. |
| | Le 13. | J'arrivai à Tripatour. |
| | Le 20. | A Nannavary. |
| | Le 21. | A Hambourg. |
| | Le 22. | Au camp des Marrattes à Carpanate. |
| | Du 22 au 27. | Nous preſſâmes, le ſieur de Noroigne & moi, les Marrattes de descendre au ſecours de Pondichéry, conformément au *Traité*. |
| | Le 28. | Nous crûmes les avoir décidés ; *l'armée marratte* fit en effet ce jour là une marche au paſſage d'Omougly, pour descendre ſur le Fort de Chitour, vers Pondichéry. |
| | Le 31. | Nous reconnûmes que cette marche étoit un leurre, & le moyen qu'ils avoient employé, pour nous amuſer juſqu'au dernier jour, que décidemment ils refuſerent de marcher, gagnés par l'or des Anglois. |
| | Le 31 au ſoir. | Nous tînmes un Conſeil de Guerre pour aviſer au parti qu'il y avoit à prendre, & il y fut unanimement arrêté, Que nous irions demander du ſecours au Roi de Mayſſour. |
| Janvier, 1761. | Le 1. | La troupe fit une marche de deux lieues pour s'éloigner du camp des Marrattes, & je m'en tins à une certaine diſtance pour être à portée d'attendre nos malades. |
| | Le 2. | J'arrivai à Vingatgary, où je fus obligé de paſſer pluſieurs jours, pour trouver à vendre mon équipage, & me défaire de tout ce qui me reſtoit pour aider la troupe, qui le matin s'étoit révoltée. |
| | Le 5. | J'arrivai à Boudicoté. |
| | Le 6. | A Sergapour. |
| | Le 7. | J'arrivai à Bengalours, eſpérant y trouver l'armée d'Heyderſaïb, Généraliſſime des troupes du Roi de Mayſſour. Il ne me reſtoit plus d'effets à vendre ; le pays ne pouvoit, ou ne vouloit, nous fournir aucune reſſource, comment |

ment

      ment faire ? Je me décidai à aller chercher
Heyderfaïb.

Le 8.     En conféquence , nous partîmes, les fieurs de
Noroigne , Meade, moi, & douze Cavaliers
commandés par le fieur Chamboran qui parloit
la langue , laiffant ordre au fieur Hygle de
vendre quelques chevaux pour fuffire aux befoins
de la troupe, en attendant de mes nouvelles.

Le 9.     Nous arrivâmes à Chinipatan. Myrfaïb , beau-
frere d'Heyderfaïb, qui y commandoit, m'ayant
appris que ce Général marchoit toujours en
avant, je le chargeai de faire paffer au fieur
Hygle l'ordre le plus précis que je lui donnai
de me fuivre avec la Troupe. Le fieur Hygle
n'en refta pas moins à Bengalours ; *il y étoit
néceffaire à Macdoufaïb.*

Le 10.    Nous arrivâmes à Mallavary.

Le 11.    Nous joignîmes à Tayours Heyderfaïb & fon
armée. Ce même jour 11, Heyderfaïb envoya
des ordres à Bengalours pour fournir le néceffaire à ma Troupe , & je profitai du même
courrier pour renouveller les miens au fieur
Hygle de venir me joindre.

Le 13.    L'armée d'Heyderfaïb quitta Tayours , où je
reftai avec le S<sup>r</sup> Meade, pour attendre la Troupe.

Le 17.    Nous partîmes de Tayours , le fieur Meade &
moi , fur ce qu'on nous dit qu'il étoit vraifem-
blable que la Troupe avoit joint Heyderfaïb , en
prenant une route moins détournée.

Le 19.    Nous arrivâmes , le fieur Meade & moi, à Ardinelly, où nous rejoignîmes l'armée d'Heyderfaïb , mais où j'eus la douleur de ne trouver
aucune nouvelle de la Troupe.

Le 22.    La Troupe , menant Macdoufaïb en triomphe ,
arriva à Ardinelly Je fçus bientôt que les fieurs
Ligny & Mallet, de concert avec le fieur Hygle
& autres Officiers , avoient négocié le rappel
de ce lâche, que j'avois fait exiler à Bengalours.

Le 23.    J'envoyai le fieur Duflot à Mahé.

E

FÉVRIER ; 1761. Le 1. J'accordai un détachement à Heyderſaïb, tant pour accréditer la miſſion forcée du ſieur de Noroigne, que pour marquer plus d'égards au Général Mayſſourien.

Le 24. Ce détachement me rejoignit, & nous aidâmes Heyderſaïb à gagner une victoire complette ſur ſon adverſaire, près du Fort de Trippour.

MARS. Le 2. Nous marchâmes avec l'armée à Pattan, capitale du Mayſſour.

Le 3. Nous emportâmes les enceintes de Pattan:

Le 5. Nous fûmes à Mayſſour.

Le 6. A Tayours.

Le 9. Du côté de Bengalours.

Le 10. Les Officiers de la *cavalerie blanche* ameuterent mon détachement, ſe révolterent, méconnurent mon autorité, & ſe livrerent à Heyderſaïb, qu'ils y avoient préparé.

Dans les derniers jours de ce mois, Je quittai l'armée des Mayſſouriens pour chercher un établiſſement neutre à la côte de Coromandel.

AVRIL. J'arrivai dans les premiers jours d'Avril à Trinquebar, établiſſement Danois, avec les ſieurs Meade & Duflot.

MAI. Je ſollicitai d'abord les Danois, puis les Hollandois, de me procurer un embarquement ; ils

JUIN. me trainerent long-tems, & je finis par n'en rien obtenir.

JUILLET. Je me rendis alors à Madras, puis à S. Thomé. Je fis tant d'inſtances auprès du Gouverneur de cette premiere place, que j'avois ſollicité dès mon ſéjour à Trinquebar, & il me promit ſi poſitivement que je ne ſerois regardé ni traité comme priſonnier, que j'attendis, presque ſous ſes yeux, un embarquement jusqu'à la mi-Août.

AOUT. Le 16. Je m'embarquai enfin à Madras ſur un vaiſſeau qui devoit toucher à la Chine, pour revenir en Europe.

---

## SECONDE PARTIE.

---

JE crois avoir répondu jusqu'ici aux reproches les plus graves dont la calomnie ofe me charger ; pour achever de la confondre , & rendre ma défenfe complette , je vais relever quelques faits particuliers que j'ai promis de développer féparément.

L'honneur qui commande à tout homme de guerre de faire aux devoirs de fon état le facrifice de fa vie , lui commande auffi de laver fa réputation des moindres taches qui pourroient la ternir ; il fut mon mobile fous les drapeaux , lui feul fera mon défenfeur dans les fers. *Virtus repulfæ nefcia fordidæ , intaminatis fulget honoribus.* *

Les Loix militaires font précifes & fimples. L'infraction une fois prouvée, la Loi prononce clairement la peine ; mais quelles font les preuves des infractions que mes ennemis ont fournies? Ils ne m'oppofent que des conjectures , des *ouï-dires* , des raifons qui fe contredifent elles-mêmes ; ce genre de preuves ne peut fervir qu'à démontrer l'aveuglement dont ils font capables. On achevera d'en être convaincu par le détail des reproches qui me reftent à détruire.

*On m'accufe de m'être éloigné de* Permacoul *aux approches de l'ennemi , d'avoir refufé du monde au Commandant de ce Fort, & de m'être retiré fous* Valdaour.

Celui qui me fait ce reproche , eft le fieur le *Noir*, Confeiller (1) au Confeil de *Pondichéry* qui ne parle que par *ouï-dire.*

Il eft permis au fieur le *Noir* d'ignorer les regles de l'art

E ij

Il m'est impossible de garantir l'exactitude des dates pour tout ce qui est antérieur à mon détachement, mes papiers & mes meilleurs effets ayant été pillés à *Pondichéry*.

militaire ; mais il n'est permis à personne de prononcer sur une matiere qu'il n'entend pas.

Son reproche est détruit par les faits : je pris le commandement de l'armée vers le 15 Fevrier 1760. Elle étoit campée alors entre *Pondichéry* & *Permacoul* ; je reçus ordre de marcher à la hauteur de ce Fort : je campai à trois quarts de lieue de *Permacoul* sur la gauche du Fort, m'allongeant du côté de *Valdaour* : ma position fut approuvée du *Général*.

L'objet de mes opérations étoit de rallentir celles de l'ennemi, & de couvrir les convois qu'on devoit envoyer à *Permacoul* & à *Valdaour*. De plus mes instructions portoient de ne pas me compromettre, à moins que je ne visse une certaine égalité de forces entre l'ennemi & moi.

L'ennemi marche à moi avec des forces très-supérieures, j'en donne avis au *Général*, je ne quitte mon camp qu'en présence des Anglois, pour me porter à une lieue & demie sur ma gauche à *l'Aldée* ou village de *Zamour*, à trois quarts de lieue de *Valdaour*. Cette position fut encore très-approuvée du *Général*, je l'ai tenue jusqu'à la prise de *Permacoul*, quoique le *Général* fût d'avis que je me retirasse à la *Taupe* ou bois des *Tamariniers*.

Tandis que mon camp a été auprès de *Permacoul*, le *Général* y a fait entrer beaucoup d'artillerie, des munitions de guerre & de bouche, & le Commandant de ce Fort ne m'a jamais demandé du monde.

De cette simple exposition des faits, il résulte 1°. Que je ne pouvois me dispenser de quitter ma premiere position, & de m'éloigner de *Permacoul*. L'ennemi venoit m'attaquer avec des forces bien supérieures aux miennes, *mes instructions me défendoient de risquer une action dans le cas de cette inégalité* ; je n'ai levé mon camp qu'en présence de l'ennemi. La plus légere attention sur ces trois circonstances, anéantit la déposition du sieur le *Noir* : la premiere ne me laissoit que le choix de me retirer, ou de sacrifier mes troupes ; la seconde me faisoit de ma retraite un devoir rigoureux ; la troisiéme prouve également ma prudence, & ma fermeté ; toutes les trois réunies démontrent que si je m'étois obstiné dans ma position, & que j'eusse hazardé une affaire, la perte

de la Colonie & de ma réputation en auroit été la fuite prompte & infaillible.

Il réfulte 2°. Qu'il n'eft rien de plus déplacé que le reproche de n'avoir pas jetté du monde dans *Permacoul*. Il auroit
été auffi aifé d'y faire entrer du monde, que .de l'artillerie
& des munitions. Pour me faire un crime de ne l'avoir pas
fait, il faudroit plutôt prouver que c'étoit un devoir pour
moi de le faire. Or, comment prouveroit-on cette obliga-
tion ? Le Général ne m'a donné aucun ordre à ce fujet, le
Commandant de *Permacoul*, Officier dont les lumieres éga-
lent l'activité, ne m'a jamais demandé du monde, je voyois
ce Fort fuffifamment pouŗvu pour fa défenfe ; mon coup
d'œil étoit d'autant plus jufte, que ce même Fort a foutenu deux affauts avant de fe rendre ; on peut juger fur cès
raifons de la fingularité du reproche.

Forcé de m'éloigner de *Permacoul*, je devois m'approcher de *Valdaour*, parce que je ne pouvois être utile que dans
cette pofition & cependant cette conduite, digne d'éloge,
va fournir le fujet d'un nouveau reproche.

*On dit que le Commandant de* Valdaour *ne s'étoit
rendu, que parce que j'avois refufé de lui donner
du fecours.*

C'eft encore le fieur le *Noir* qui eft l'auteur de ce reproche, & lui feul pouvoit l'être ; il n'en fut jamais de plus mal
imaginé, ni de plus aifé à détruire.

Un refus fuppofe une demande. Quoique mon camp ait
été affez long-tems auprès de *Valdaour*, le Commandant de
ce Fort ne m'a jamais demandé du monde, je ne lui en ai
donc pas refufé.

Mais, dit-on, le Commandant de *Valdaour* n'avoit befoin
de monde que lorfqu'il fut invefti, & c'eft alors qu'il en a
demandé. Quoi ! le Commandant de *Valdaour* qui voyoit depuis plufieurs jours fon Fort menacé d'une entreprife, & qui
avoit alors notre armée fous la main, ne fonge à demander
du fecours que quand il eft invefti, c'eft-à-dire à l'époque où
il eft moralement impoffible de lui en faire paffer, & c'eft
moi que l'on accufe !.... En deux mots, je ne commandois

plus l'armée lorsque *Valdaour* fut investi, & j'use du droit que j'ai de dire que ce n'est point à moi de répondre à un reproche qui ne me regarde dès-lors, ni de près, ni de loin.

*On me fait un crime d'avoir quitté le camp de* Perimbé ; *on taxe ma marche de* retraite précipitée *aux approches de l'ennemi.*

Ce reproche est uniquement fondé sur la déposition du sieur *Durre* qui ne parle que par oui-dire.

Pour mettre l'injustice & la fausseté de ce reproche dans tout leur jour, il est nécessaire d'entrer dans quelque détail.

Le *Général* m'ayant laissé le commandement de l'armée le 5 Mars au soir 1760, je la plaçai le lendemain conformément aux dispositions qu'il m'avoit prescrites :

Le régiment de Lorraine au jardin de la Compagnie, la compagnie de cavalerie de Dupont aux Jésuites d'Oulgaret sur la chaussée de *Villenour* à *Pondychéry*, les régimens de Lally, de l'Inde & de la Marine, au camp de Perimbé avec six Piéces de canon, la compagnie Portugaise, le reste de la cavalerie & Hussards avec cinquante *Cypahys*, à une petite Taupe près celle des *Tamariniers* où commandoit * le sieur Desgras, Capitaine de cavalerie, cinquante *Cypahys* sur la chaussée du grand étang de *Valdaour*.

* Cette cavalerie fournissoit un poste d'observation à la *Taupe* des *Tamariniers*, & ce poste étoit réellement alors la clef de l'armée & de la Colonie.

Les troupes ayant été ainsi disposées, je reçois un cavalier d'ordonnance de la part du sieur *Desgras*, qui vint à toute bride m'annoncer que toute l'armée ennemie étoit au pied de son poste. Un moment après, il m'en dépêche un second pour me dire que l'armée ennemie avoit passé la *Taupe* des *Tamariniers*, & qu'elle marchoit vers les limites de *Valdaour*. Le premier cavalier que je renvoyai avec des ordres, revint sur ses pas, & m'assura qu'il avoit failli donner dans l'armée ennemie.

Tous les Officiers du camp étoient témoins de ces rapports, dont je donnai avis *au Général*. Le sieur *Desgras perdit sans doute la tête :* au lieu de se replier sur le gros de l'armée, il ne songea qu'à se sauver vers les limites de *Vil-*

*lenour*, & pas un feul homme de la cavalerie qu'il commandoit, qui le fuivit, ne vint me rejoindre.

L'inftant étoit critique, le cas étoit preffant; il falloit me décider. Je ne recevois aucune nouvelle du *Général*, fur les avis que je lui avois donnés; je ne pouvois pas vérifier par moi-même l'exactitude des rapports, n'ayant aucun cavalier, & me trouvant dans un pays coupé de hauteurs; j'étois dans un fonds, où je pouvois aifément être enfermé, & pris avec tout mon camp; j'avois furtout à craindre d'être coupé, & toute l'armée le craignoit comme moi. Dans ces circonftances, la prudence ne me permettoit pas de tenir plus long-tems le pofte desavantageux où j'étois, craignant que l'ennemi ne fût déjà dans nos *limitts*. Je pris le parti de me replier fur ma droite, je marchai avec l'artillerie, les bagages & le *bazard* *, fur la chauffée de *Villenour*, où je m'établis enfuite.

Par cette marche mes forces étoient plus réunies, je confervois ma communication avec *Pondichéry*, & je couvrois les environs les plus effentiels de la ville.

Nous apprîmes alors que les rapports que m'avoit fait faire le fieur *Desgras*, étoient faux, & qu'on avoit pris pour l'armée ennemie, un Corps de cavalerie, & de *Cypahys*, qui portoient plufieurs drapeaux, & que le Général Anglois avoit fait fans doute fortir pour nous donner le change.

Sur cet expofé, que l'on juge du peu de folidité des reproches qu'on me fait; 1°. On appelle ma marche à l'ennemi une retraite, & une *retraite précipitée*; mais la confufion, le desordre, l'abandon des équipages & de l'artillerie, en font les marques ordinaires. On ne peut donc pas donner ce nom à ma marche à l'ennemi, que je croyois trouver dans nos limites, puisque le bazard, les bagages & l'artillerie me fuivirent. Un feul Officier du bataillon de *l'Inde* perdit fes équipages; il n'auroit pas éprouvé ce malheur, fi au lieu de les avoir abriés fous des hangars éloignés, il les eût eues à fa portée dans le camp. Lorsqu'on a le tems d'affembler des bœufs d'artillerie, de les atteler, de ramaffer les piéces de canon, diftribuées autour d'un camp, les Officiers ont certainement celui de charger leurs équipages.

* Marché public à la fuite de l'armée.

2°. On dit que je me fuis retiré aux approches de l'ennemi lorsqu'il venoit nous attaquer, & d'un autre côté, on
me blâme de m'être retiré fur de faux rapports ; deux reproches qui renferment une contradiction manifefte, &
qui ne font fondés ni l'un * ni l'autre ; car je ne pouvois
pas m'empêcher d'ajouter foi aux rapports du fieur *Desgras* ,
tout faux qu'ils étoient, attendu que, pour les raifons
que j'ai données plus haut, il m'étoit impoffible de
les vérifier, & en les fuppofant vrais, comme j'étois forcé de les croire tels, il auroit été de la derniere conféquence de garder la pofition desavantageufe où je me
trouvois.

Je ne fuis pas le feul Officier qui ait réglé fa conduite fur
de fauffes nouvelles ; la plûpart des rufes de guerre font
fondées fur de pareils expédiens, & fans même qu'il y ait
de la fupercherie, un Général s'en rapporte fouvent à une
fauffe nouvelle donnée de bonne foi.

Sur le faux rapport d'un Officier *de Cavalerie* , M. *de Créquy*
manqua de fecourir *Crémone* , de couper entiérement la retraite du *Prince Eugene* , & de le forcer à retirer tous fes
poftes fur le *Pô*.

Mais ce qui juftifie pleinement ma conduite, c'eft que la
nouvelle pofition que je pris, bien loin d'être nuifible, fut
trouvée très-favorable.

*On me reproche d'avoir affoibli l'escorte du fieur*
*Haynaut , & de ne m'être pas dégarni en fa fa-*
*veur.*

Le 22 (2) Août 1760, le fieur *Haynaut* fortit de *Pondi-*
*chéry* avec une compagnie de *Cypahys* , pour aller chercher
un convoi fous la protection de mon détachement ; nous marchâmes enfemble jufqu'à *Trivanalours* , d'où je l'envoyai faire
fa miffion en protégeant fes courfes.

Il revint au camp le 25 avec environ cent cinquante bufles, bœufs, vaches ou veaux. J'appris en même-tems que
l'ennemi venoit attaquer le Fort de *Ponnemalet* de la dépendance de *Gingy* , à quatre lieues de moi.

Comme il s'agiffoit d'un des feuls forts qui nous reftaffent,
&

* L'ennemi ne marchoit pas à moi , il marchoit aux *limites* & moi auffi.

Mém. de Feuq.

& qu'il étoit très-intéreſſant de les conſerver, je me déci-
dai à aller ſecourir *Ponnemalet*. Mais je ne pouvois exécuter ce deſſein ſans quelques (3) *Cypahys*, qui m'étoient ab-
ſolument néceſſaires pour me procurer des vivres. J'en
demandai au ſieur *Haynaut*, qui conſentit à me donner la
moitié de ſa compagnie.

Il m'eſt aiſé de juſtifier ma conduite à cet égard.

1°. Le ſieur *Haynaut* étoit le maître de m'accorder ou
de me refuſer les *Cypahys* que je lui demandois; il me les a
accordés, je les ai pris : peut-on m'en faire un crime ?

2°. En partant de *Pondichéry*, on m'avoit promis un renfort de 1500 *Cypahys*, & ce renfort n'exiſta jamais que dans
mes ordres; cependant il m'en falloit, & je ne pouvois pas
autrement me procurer des vivres : j'étois donc obligé ou
de retourner à *Pondichéry*, ou d'engager le ſieur *Haynaut* à
me céder une partie de ſes *Cypahys*.

3°. Le nombre de l'escorte du ſieur *Haynaut* étoit in-
différent pour la conduite du convoi, qui n'étoit que peu
de choſe. Il n'étoit pas queſtion d'introduire des convois à
*Pondichéry* à forces ouvertes; l'ennemi, ſupérieur en tout
point, étoit le maître de la campagne : on ne pouvoit donc
amener heureuſement les convois que furtivement & à la
ſourdine, manœuvre pour laquelle le nombre eſt plus nui-
ſible qu'avantageux. D'ailleurs, les *Cypahys* ſont la poltronnerie même, & peu propres à défendre des convois, qui
exigent beaucoup de fermeté.

Si le convoi fut pris, c'eſt que le ſieur *Haynaut* fut vendu
par les propriétaires des beſtiaux, qui devenoient nos ennemis, nos délateurs, & qu'il faut enviſager comme la
principale cauſe qui a empêché la plûpart de nos convois
de parvenir à *Pondichéry*.

Toutes ces raiſons me juſtifient pleinement du reproche
qu'on me fait d'avoir affoibli l'escorte du ſieur *Haynaut*, &,
par une conſéquence néceſſaire, elles détruiſent auſſi celui
de ne m'être pas dégarni en ſa faveur; car, puisque j'étois
obligé de prendre de ſon monde, je ne pouvois pas lui
donner du mien.

Au ſurplus, quand même il m'en auroit demandé, je me
ſerois cru obligé de lui en refuſer; autrement j'aurois expoſé une partie de mon détachement, déja trop haraſſé,

à une marche pénible & à une défection inévitable.

En général les différens reproches qu'on me fait au sujet des convois, sont destitués de tout fondement. Indépendamment des raisons sensibles que je viens d'exposer, on doit encore observer que mon détachement n'étoit point assez nombreux pour pouvoir le partager, à moins de quelque apparence de succès, principalement au moment où j'attendois un renfort de *Pondichéry*, & l'arrivée des *Marrattes*; qu'il étoit essentiel que je conservasse toutes mes forces pour faire des entreprises utiles; que sans cette conduite, je ne serois jamais venu à bout de m'emparer de *Thiagar*; que lorsque je fus en possession de ce fort, il auroit été encore plus imprudent de m'affoiblir, puisque j'aurois exposé par là & le Fort & le détachement à une perte réelle : la ruse, le stratagême, les voies sourdes & furtives étoient donc ma seule ressource. Il est évident que si j'avois tenu une autre conduite, les convois n'auroient pas mieux réussi, & que je n'aurois fait qu'ajouter à la perte des convois, celle de ma Troupe, sans qu'il en résultât le moindre avantage pour la Colonie.

*On me reproche d'avoir promis au sieur le* Meintier, *qui conduisoit un convoi considérable à* Pondichéry, *qu'il seroit protégé aux approches de cette Ville, que cependant cette protection lui manqua, & que le convoi fut enlevé par l'ennemi.*

Ne semble-t-il pas qu'on voudroit inférer de-là que j'étois d'intelligence avec le *Général* pour faire enlever les convois; mais une trahison aussi atroce ne se présume pas, ne se fonde pas sur des conjectures frivoles; pour constater un délit qui révolte le cœur de tout Citoyen, il faut des preuves plus claires que le jour, & on n'en trouvera pas la plus légere trace dans la conduite que j'ai tenue.

Rien ne prouve mieux mon zèle & la candeur de mes intentions à cet égard, que les dispositions que j'ai faites au sujet de ce même convoi dont il s'agit. Il étoit fort considérable, il étoit composé de deux cens bœufs salés, desossés & séchés au soleil, de quatre cens bœufs de boucherie, & il avoit une escorte de cavaliers & de *Cypahys*. Les bœufs salés étoient dans des poches faites exprès que les Cavaliers devoient porter. J'avois pris cette précaution afin que, dans le cas où le convoi seroit attaqué, le sieur le *Meintier* pût au moins gagner *Pondichéry* avec la salaison.

J'accompagnai ce convoi plus des trois quarts du chemin, en bloquant les Forts ennemis qui se trouvoient aux environs du passage, & je lui donnai pour le conduire jusqu'à *Pondichéry*, des guides que j'avois formés.

Il est vrai que ce convoi fut pris ensuite; mais si le sieur le *Meintier* s'étoit conformé à mes ordres, s'il fût parti de *Thiagar* au point du jour, comme je lui ordonnai, & non pas à midi, comme il l'aima mieux, s'il avoit exactement suivi mes combinaisons, s'il n'avoit pas toujours fait porter les salaisons par les bœufs de charge, au lieu de les faire porter par les cavaliers, s'il ne s'étoit pas amusé en chemin pour grossir son convoi, il l'auroit peut-être conduit heureusement à sa destination. Quoi qu'il en soit, on ne sauroit, en aucune maniere, mettre sur mon compte la perte de ce convoi : ce sont des événemens de guerre dont les Commandans ne sont jamais responsables.

Quant à la protection de *Pondichéry*, qu'on dit que j'avois promis dans mon ordre au sieur le *Meintier*, je ne me souviens pas si cette promesse existe ; mais, supposé que cela soit, elle ne pouvoit avoir pour objet que d'encourager l'escorte, ou peut-être que le *Général*, à qui j'espérois que quelqu'une de mes lettres d'avis étoit parvenue, m'avoit parlé dans quelqu'une des siennes de cette protection à mes convois ; mais cette protection ne pouvoit s'étendre jusqu'à une lieue & demie en avant de *Pondichéry*, comme l'assure témérairement le sieur *Moracin* *, parce qu'il n'est pas vraisemblable que le *Général* eût aussi légerement exposé une partie de sa garnison qui n'auroit guère pu rentrer dans la Place.

*On m'accuse d'avoir levé des contributions considérables, & l'on se flate d'en trouver la preuve dans une* malle *que j'avois laissée à* Thiagar *au pouvoir du sieur* Kennedy.

* Autre Conseiller du Conseil de *Pondichery.*

Une légere connoiffance de l'*Inde* fuffit pour faire tomber ce reproche. On ne peut lever des contributions dans ce pays-là que fur les propriétaires des Forts, &, pour y réuffir, il faut avoir des forces fupérieures & capables de les intimider. Il eft évident que mon détachement ne me donnoit pas cette fupériorité ; & d'ailleurs perfonne ne m'a vu faire une telle manœuvre, qu'on ne peut pas cependant faire en fecret.

Il étoit également impoffible de s'enrichir par le pillage. Le pays étoit brûlé, les villages déferts, les pauvres laboureurs cachoient leurs petites provifions dans des lieux fouterreins, ou dans les Forts. Quel moyen de s'enrichir dans un pays où il n'y a rien ? On ne pouvoit tout au plus qu'enlever quelques beftiaux, qu'il falloit aller chercher dans des parages éloignés, & ce n'a même été que par des courfes femblables, que je fuis parvenu à former les différens contingens des convois deftinés pour *Pondichéry*, que je tenois toujours prêts, à ravitailler *Thiagar*, & à faire fubfifter la Troupe. Quel autre moyen étoit à ma portée pour remplir ces objets indifpenfables ?

Cependant mes ennemis (4) s'imaginoient trouver un tréfor dans une malle que j'avois laiffée, quand je partis pour les *Marrattes*, à *Thiagar*, & forcerent le fieur *Kennedy* d'en faire l'ouverture. Ils n'y trouverent qu'environ 400 roupies *, que les Officiers eurent la baffeffe de partager entr'eux. Il eft vrai que le fieur *Kennedy* avoit eu l'attention d'en retirer 15 ou 1600 qui m'appartenoient, & qu'il favoit bien m'appartenir.

On ne peut me faire un crime de cette fomme. Il n'étoit rien dû à perfonne ; bien loin de laiffer fouffrir mon détachement pour théfaurifer, je puis prouver (*a*) que j'ai fait de mes propres fonds des avances confidérables à ma Troupe, & que j'ai vendu mes effets pour la faire fubfifter. Je

* La roupie vaut 48 fols de notre monnoie.

(*a*) J'ai propofé, lors des interrogatoires & des confrontations, d'adminiftrer toutes les preuves qui juftifioient & mes réponfes & leur fincérité ; on m'a conftamment répondu que je les donnerois quand il en feroit tems.

Je me contenterois de renouveller ici cette propofition, fi je favois prévoir l'époque à laquelle on me permettra de la faire accepter. Dans l'incertitude, l'équité ne me condamnera jamais pour avoir préféré le parti le plus fûr. J'annonce donc qu'on trouvera à la fin de cette feconde Partie, toutes ces preuves ; elles feront précédées d'une notice & d'obfervations néceffaires à l'intelligence de ces différentes piéces, dont ma Femme a les originaux, qu'elle fera toujours prête à repréfenter.

n'ai jamais reçu de l'argent que de *Ramelinga*, Fermier Général de la Colonie : les billets qu'il a de moi, & dont j'ai une copie certifiée, font une preuve conſtante de ma ſincérité.

Ces deux mille roupies avoient une deſtination ; j'avois fait faire des promeſſes à nos déſerteurs qui devoient me joindre à mon retour avec les *Marrattes*, & je ne pouvois compter que ſur cette ſomme, miſe en réſerve, pour réſoudre ces mêmes déſerteurs.

La conduite que j'ai toujours tenue avec mon détachement, la vente de mes effets, dont les Officiers de ma Troupe ont été les témoins, la miſere où ils m'ont vu réduit, auroient dû me mettre à couvert d'un reproche auſſi cruel pour un homme qui n'a jamais ambitionné d'autre richeſſe que celle de l'honneur, & qui, ſur ce point, a fait toutes ſes preuves.

Mais parlons naturellement, & dévoilons la vérité ſans crainte : mes Officiers, ou pour me rendre odieux, ou par un effet de leur extrême avidité, feignoient de croire, ou crurent peut-être que cette malle contenoit un tréſor. Le ſieur *Kennedy*, qui s'amuſoit alors de leurs propos & de leurs conjectures, a trop d'élévation pour ne pas convenir aujourd'hui qu'il aida un peu à la prévention, dans l'unique vue de s'en amuſer davantage au dénouement. Il ne tarda pas, l'ouverture de la malle fut affligeante, mes Officiers déſolés de voir leur eſpoir en défaut, voulurent au moins en tirer quelque parti : ils arrangerent donc le roman de cette malle comme il leur plut, & ils ont eu la conſolation, qu'aucune ame honnête ne leur enviera, de m'en faire faire juridiquement le reproche en France : *Ut manifeſtum fieret magnarum rerum curam non diſſimulaturos qui animum etiam leviſſimis adverterent.* * *Tacit. Ann.*

Mes ennemis ont cru me rendre coupable, en multipliant leurs reproches. Il n'eſt preſque aucune de mes (a) actions,

---

(a) Mes ennemis n'ont eu garde de faire mention de ma campagne d'*Arcate*, quoiqu'il ſoit notoire, que comme ils ont eu à s'applaudir en différentes occaſions, de m'avoir fait écrire par le *Général* les choſes les pius dures, dans les cas les moins faits pour devoir m'y attendre ; ils parvinrent alors, à force de plaintes, de repréſentations importunes & de calomnies, à me faire ôter le commandement de l'armée. Pourquoi cette diſcrétion, pourquoi cette diſtraction de leur part ? Je répons, 1º. C'eſt que mes ennemis ſavent que tous les Officiers de l'Etat Major de l'armée, témoins

à laquelle ils n'ayent tâché de donner une interprétation maligne ; ils ont poussé l'animosité jusqu'à me faire un crime d'avoir (5) mis un Officier aux arrêts ; c'étoit le sieur *Higle*.

Dans ma marche de *Thiagar* à *Gingy*, j'avois ramassé quatre cens bœufs, que j'avois confiés aux *Cypahys*, pour les conduire dans ce dernier Fort. Le sieur *Higle*, commandant la cavalerie, avoit enlevé ces bœufs des mains des *Cypahys*, & les avoit tous vendus avant mon arrivée à *Gingy*, à l'exception d'une centaine qu'il avoit remise à *Ramelinga*, de qui il avoit exigé un billet de payement. *Ramelinga* m'en fit des plaintes, je voulus lui faire rendre son billet & appaiser cette affaire. Non-seulement le sieur *Higle* se refusa à une proposition aussi raisonnable ; mais encore il me força, pour le contenir, à le mettre aux arrêts.

On seroit étonné que ma conduite en cette occasion eût été le sujet d'un reproche, si on ne savoit pas que le caractere de la haine est de faire armes de tout : *Livor edax tibi cuncta negat.* * Lucan.

C'est de la même source que partent les reproches qu'on a osé me faire de n'avoir pas voulu mettre à exécution les projets qu'on m'avoit donnés pour secourir *Pondichéry.*

Les projets dont on veut parler étoient, 1°. De faire construire des bateaux plats, & d'y joindre des roues pour s'en servir dans l'occasion. 2°. De faire venir de la cavalerie.

L'idée des bateaux plats avoit pénétré jusques dans l'*Inde* ; mais ce projet trouvoit encore plus d'obstacles dans l'*Inde*, qu'en *France*. J'étois à vingt lieues de la riviere sur laquelle on vouloit les faire naviguer, & le courant de cette

de la conduite louable qu'ils m'avoient vu tenir, ont dressé en cette occasion un *certificat*, dont mes accusateurs connoissent la prépondérance & l'authenticité.

2*. C'est que mes ennemis n'ont pas pu se dissimuler qu'il me suffiroit pour les confondre, s'il leur échappoit le moindre trait à cet égard, de rappeller une action qui fut remarquée au Fort de *Sacramalours*, & que je vais rapporter en deux mots.

L'attaque de ce Fort commencée, & jugeant que le service exigeoit au moment même un effort, je pris un Officier avec vingt hommes, je donnai l'assaut, & je me vis bientôt au centre de la Place, d'où n'ayant pas été soutenu, comme je m'y attendois, & comme je devois l'espérer, je fus obligé de faire retraite, *moi troisiéme*.

Il est aisé de voir que c'est à l'art fatal des ménagemens insidieux, à l'art plus fatal des réticences que mes ennemis ont eu recours : voilà leurs vrais motifs dévoilés, & il me suffit. Un Militaire vertueux n'a pour arme que la vérité, & que l'honneur pour code.

riviere étoit en tout tems impropre à cette navigation. Cette voie auroit été le plus sûr moyen d'éventer toutes nos opérations, & de livrer tous nos convois à l'avidité des Anglois. C'est insulter au sens commun, que de proposer de se servir du cours d'une riviere, tandis que l'ennemi est le maître des deux bords.

Un obstacle plus difficile à vaincre s'opposoit à l'exécution de ce projet : le pays ne fournissoit pas de bois propre à cette construction, & le projetteur lui-même en convenoit.

Quant à l'idée de faire venir de la cavalerie, vraiment digne du sieur *Desjardins*, son auteur, qu'on a voulu parer du beau nom de projet, elle n'est pas moins singuliere que la précédente. Je n'ai qu'un mot à dire sur cet objet ; nous n'avions point d'argent, & sans argent on ne fait rien : ce seroit trop honorer des rapsodies, que de s'amuser à les réfuter.

Mes ennemis n'ont sans doute relevé ces inepties, que pour étayer le reproche qu'ils me font d'avoir négligé les moyens de secourir *Pondichéry*. Mais si on fait quelque attention aux avantages des Anglois, à la supériorité de leurs forces, à la situation des lieux, à la quantité de convois que j'ai expédiés, aux mouvemens que je me suis donnés, aux dangers que j'ai courus pour le bien de la Colonie, on sera persuadé que je ne pouvois faire mieux. Le plus grand obstacle qui traversoit mes opérations, s'élevoit du sein de mon propre détachement, & sur tout de la *cavalerie blanche*.

Jamais (6) Troupe n'a été plus constamment mutinée contre son Chef ; point de discipline, point de subordination : dans toutes les occasions les Officiers inspiroient eux-mêmes l'esprit de révolte aux cavaliers, par leur exemple & par leurs propos séditieux. Une marche un peu pénible, un léger défaut de vivres ou de payement, excitoient contre moi les discours les plus outrageans, & portoient ces Officiers à mépriser tous mes ordres. Enfin la bassesse par laquelle ils ont consommé leur lâche conduite, me dispense d'en dire davantage, & rend croyable tout ce qu'on en peut imaginer.

Ce sont cependant ces mêmes Officiers qui ont déposé

contre moi, ou, pour parler plus exactement, ce font eux qui ont donné lieu à tous ces *ouï - dires*, fur lesquels font fondées les dépofitions de mes pitoyables accufateurs. Quelques réflexions générales fuffiront pour fixer le degré de croyance que méritent les témoignages des uns & des autres.

De onze témoins qui m'ont été confrontés, dix ne parlent que par *ouï-dire*, genre de dépofition trop vague, trop incertain, pour mériter la moindre attention. La plûpart ne m'ont jamais ni vu, ni connu, ce qui eft pourtant, à mon avis, néceffaire pour la dépofition du témoin, & la défenfe de l'accufé.

Le fieur *Genet*, dans une partie de fes accufations, parle pour avoir vu. Mais les contradictions où ce témoin eft tombé, & les rétractations qu'il a été obligé de faire, doivent rendre à peu près nulle toute fa dépofition.

Le fieur *Ligny* eft le feul qui parle conftamment pour avoir vu. Mais un feul témoin ne fait pas preuve. D'ailleurs le témoignage du fieur *Ligny* eft fufpect à tous égards. 1°. Il étoit l'ame de cette *cavalerie blanche*, qui, en tout tems, m'a marqué tant de haine ; & le fieur *Ligny* peut être regardé comme l'organe des paffions de tout le Corps. 2°. La conduite particuliere de ce témoin, les vives repréfentations que j'ai fouvent été obligé de lui faire fur fes déportemens & fes excès, les démêlés que nous avons eus enfemble, ne peuvent que lui avoir infpiré contre moi une animofité qui a influé fur fa dépofition. 3°. Si la crédibilité d'un témoin dépend de l'intérêt qu'il a à mentir, la dépofition du fieur *Ligny* ne peut être d'aucun poids ; il s'eft toujours montré trop ennemi de l'ordre & du devoir, pour n'avoir pas à craindre mes juftes plaintes, & croyant ne pouvoir fe mettre à couvert qu'en me perdant, il étoit intéreffé à prendre l'infâme parti de me calomnier.

En général, je puis avancer qu'aucun des témoins qui m'ont été confrontés, n'a les qualités néceffaires pour fonder un témoignage, & que tous ont les défauts qui non-feulement rendent une dépofition nulle, mais encore puniffable.

Victime de leur calomnie, je gémis fous le poids des malheurs, j'avois à déplorer la perte de ma liberté; il
manquoit

manquoit à cette disgrace le nouveau coup qui eſt venu m'accabler.

Depuis près de deux ans, je languiſſois dans une priſon dont aucun adouciſſement ne ſauroit diminuer les horreurs, parce que rien ne conſole de la perte de la liberté. J'avois beſoin de toute la force que le ſentiment de ſon innocence donne à l'ame de l'homme irréprochable pour me garantir du déſespoir. Une encéinte étroite, où la faculté de reſpirer un air pur & libre eſt regardée comme une faveur unique, offre un nouvel ordre de choſes. L'image du myſtere qu'on apperçoit ſur les viſages, à travers les ſignes de la commiſération dans ceux qui vous approchent; une circonſpection de la part de ceux-ci, que leur devoir rend glaçante; une réſerve qu'il eſt permis de trouver cruelle, parce qu'elle réprime tout épanchement, & ſemble commander un ſilence éternel; l'oubli général où la néceſſité vous laiſſe à l'égard du reſte de l'univers, & que la difficulté de trouver injuſte, rend plus inſupportable encore, oubli dont les procédés les plus humains ne ſauroient conſoler, font regarder cet étrange ſéjour qu'on a peint ſi ſouvent, & qu'on ne ſauroit définir par le contraſte, qui ſe trouve entre l'idée de ſa détention & la douceur hospitaliere qui ſemble en racheter les rigueurs, font regarder, dis-je, cet étrange ſéjour, comme une ſorte de tombeau, & la condition de ceux qu'il renferme, comme une eſpéce de mort politique.

Je le répéte, depuis près de deux ans je roulois dans mon eſprit ces lugubres idées..... tout-à-coup un rayon propice vient luire à mes yeux, mon ame s'ouvre à la joie, elle va ſentir des conſolations qu'on m'annonce. Un Magiſtrat, au niveau de ſa place par ſa vigilance, & fort au-deſſus par ſes lumieres, fait pour ſentir les maux de l'humanité, & pour l'en conſoler, permet à mon épouſe de venir confondre ſes larmes avec les miennes. Mon cœur s'élance au devant de ſes pas, elle amene avec elle ma fille, cet enfant ſi cher, gage unique d'une union ſi tendre, & que je voyois pour la premiere fois. Quelle entrevue pour un homme éloigné depuis ſi long-tems des ſiens, pour un époux, pour un pere!

Le Ciel a donc pris enfin pitié de mes malheurs : il

ajoute à la faveur de revoir une épouse, celle d'entendre de sa bouche mille choses touchantes; mais, ô attente frustrée! ô revers accablant! elle parle, & c'est pour m'apprendre que je suis ruiné sans ressource : un Banquier étoit dépositaire de ma modique fortune; il trompe la vigilance d'une épouse occupée à suivre mon affaire, &, par une banqueroute frauduleuse, il trahit ma confiance & comble mon désastre.

Ames honnêtes & sensibles, peignez-vous ma situation, & soyez attendries! Par une faveur spéciale, mes yeux revoyent ce que j'ai de plus cher au monde, & c'est pour en gémir. Je demande avec avidité des nouvelles de mes affaires, & c'est pour maudire un éclaircissement funeste. Ah! si je desirois ma liberté, si j'attachois quelque prix à la vie, si j'appréciois la fortune, des motifs également récommendables, louables, honnêtes, justifioient ces dispositions..... & tout-à-coup mes idées sont confondues, mon espoir anéanti, la mesure de mes malheurs comblée! qu'il me soit permis de remettre ici sous les yeux toute l'Histoire, pour en représenter cet odieux résultat, que je succombe à la fois sous l'injuste & double coup de l'opprobre & de la misere.

J'avois conservé mon honneur sans tache; une accusation le flétrit : mes services exigeoient, sinon de l'indulgence, au moins prompte Justice; elle m'est refusée : ma qualité d'étranger, l'ignorance où je suis de la Langue & de la Jurisprudence Françoise, sembloient solliciter pour ma juste défense tous les moyens qui l'auroient opérée, au moins toute sorte de facilités; un Arrêt* de la Cour me prive de la ressource d'un Conseil. Ma liberté, le dernier des biens qui me reste, que ne doit perdre un Citoyen que sur de accusations prouvées, m'est ravie sur les présomptions les plus légeres; il seroit affreux de penser que ce fût sur de simples convenances. La nécessité de soigner ma fortune, me rendoit l'usage de ma liberté indispensable; je perds l'une, parce que l'autre m'est ôtée. La discussion de mon procés, j'ose m'en flater & l'attendre de l'équité des Ministres des Loix, fera reconnoître mon innocence; mais comment pourrai-je réparer ma ruine, que je ne dois qu'à ma détention? *Virtus laudatur & alget.*

* Je n'ai jamais pu parvenir à sçavoir au vrai si c'étoit en effet un Arrêt, un Arrêté, ou une Délibération.

* Horat.

# NOTES SUR LA SECONDE PARTIE.

(1) Vainement ces Conseillers se targueroient-ils du rang de Capitaine des Troupes de l'*Inde*, qu'ils ont en effet, pour juger de vrais Militaires. Le dernier Enseigne des Troupes du Roi a droit de les commander, & ce droit suffit pour déterminer au juste l'étendue de connoissances dans le métier de la guerre, qu'on suppose à MM. les Conseillers de l'*Inde*, bien plus propres à servir les vues *de la Compagnie* dans ses opérations mercantiles.

(2) Je sortis aussi de *Pondichéry* le même jour. Après une marche forcée de dix-huit heures, nous arrivâmes le 23 à *Trividy*. J'emportai ce Fort par escalade. Au moment que je faisois dresser les échelles, la garnison se sauva par le côté opposé. Faute de cavalerie, je ne pouvois couper la garnison ; & faute de *Cypahys*, je ne pouvois prendre poste à *Trividy*.

Je marchai donc le 24 à *Trivanalours ;* c'est là que j'appris qu'un Corps ennemi venoit attaquer *Ponnemalet*. J'y courus pour tomber sur l'ennemi le 26 au point du jour ; mais il étoit déjà en possession du Fort lorsque j'y arrivai : le Commandant s'étoit rendu à la première sommation ; & j'appris le lendemain à *Gingy* que cette reddition étoit très-suspecte : d'autant qu'on m'ajouta que sur la nouvelle de ma marche, qu'avoit eu le Corps qui venoit attaquer *Ponnemalet*, il s'étoit déja éloigné quand je parus.

(3) Comment aurois-je pu me passer de *Cypahys ?* Seuls, ils connoissent toutes les petites ruses des gens du pays, qui ont le plus grand soin de cacher les différens fruits des récoltes : seuls, ils mettent en défaut ces mêmes ruses : seuls enfin, ils peuvent ainsi procurer des vivres à une armée ; car, & les paysans indiens & leurs bestiaux, fuyent à l'approche des *blancs*. D'ailleurs cette Nation, familiarisée avec les ardeurs d'un climat brûlant, sait les rendre supportables aux blancs qu'elles excedent, en se chargeant de la meilleure part des fatigues d'une armée. Ce sont là des faits ; je ne parle pas d'un pays où j'aye été seul : Qu'on interroge ceux qui le connoissent ?

(4) Cette prévention leur fut donnée par le sieur *Desjardins*, Enseigne des Troupes de la Compagnie, commandant le petit Fort d'*Ouliguilienours* de la dépendance de *Thiagar*, sur le compte duquel je desirerois n'avoir pas à dire les vérités fâcheuses que je vais rapporter.

Il eſt eſſentiel 1°. De ſe rappeller d'abord le grief déja articulé contre le ſieur *Desjardins* par rapport à mon détachement , & le concert dans lequel il vivoit avec les ſieurs *Ligny & Mallet* pour y entretenir l'indépendance, &c.

2°. Le ſieur *Desjardins* accorda , malgré mes ordres , au Receveur du Fort d'*Ouliguilienours*, la protection la plus ſuſpecte contre la juſte prétention de *Ramelinga*, qui me ſollicitoit de contraindre ce Receveur à lui rendre ſes comptes. Comment interpréter favorablement cette conduite du ſieur *Desjardins*, quand, par ſes liaiſons avec le Receveur d'*Ouliguilienours*, dépoſitaire de ſommes provenant de revenus conſidérables, j'avois tout à craindre pour la ſûreté de ces mêmes ſommes ?

3°. Ayant appris que l'ennemi devoit attaquer le Fort d'*Ouliguilienours*, je prévins ſur le champ le ſieur *Desjardins*, & je lui donnai ordre d'évacuer ſur *Thiagar*, en lui preſcrivant de ne laiſſer dans le Fort que le peu de monde & de munitions néceſſaires pour tromper, pour amuſer l'ennemi , & le forcer à la premiere bréche, d'entendre aux offres de capituler. Au lieu de ſe mettre en devoir d'obéir, le ſieur *Desjardins* me répondit, comme il avoit coutume de le faire, Qu'il avoit *carte blanche* auſſi bien que moi, & que ſi l'ennemi venoit l'attaquer, il vouloit périr ſur la bréche de ſon Fort.

Qui ne ſeroit tenté de s'émerveiller ! Comment en effet refuſer des éloges à d'auſſi recommendables diſpoſitions ? Mais ne donnons pas plus long-tems le change , & découvrons bien ſimplement les vrais motifs du ſieur *Desjardins :* Il reçevoit la paye pour un nombre de *Cypahys* qui n'exiſtoit pas dans ſon Fort , & il mettoit dans ſa bourſe la paye de ceux qu'il y avoit, dédommageant ceux-ci avec les vivres du Fort ; dont on imagine où devoit aller , à ce moyen , le divertiſſement.

D'après ces motifs, on ne s'étonnera plus de la déſobéiſſance du ſieur *Desjardins*. L'uſage *louable* qu'il faiſoit de ſa prétendue *carte blanche* l'invitoit à méconnoître mon autorité. Il eſt évident que , s'il ſe fût conformé à mes ordres , ſa double manœuvre auroit été découverte , qu'il n'en parût faire aucun cas que pour la tenir cachée , & que, dans la vue de m'éblouir, il ſe montra décidé à périr ſur la bréche de ſon Fort.

Mais il falloit plus d'étoffe que n'en avoit le ſieur *Desjardins* pour une ſemblable réſolution ; auſſi paroît-il qu'il ne s'en occupa que le tems qui lui étoit néceſſaire pour ſe mieux envelopper. En effet , quand il ne fut plus poſſible d'en tirer avantage, le ſieur *Desjardins* ſongea à mettre mes ordres à exécution ; mais comment y procéda-t-il ? Le trait eſt à peine croyable : en ſe ſauvant avec vingt *Cypahys* qu'il prit , uniquement pour eſcorter ſes propres effets à *Thiagar* , abandonnant ainſi ſon monde, le Fort, & toutes les munitions à la merci du vainqueur, qui, ſi j'en euſſe été cru, n'auroit aſſurément pas tiré un auſſi grand parti des diſpoſitions du ſieur *Desjardins* **a périr sur la breche de son Fort.**

(5) Le reproche fait à cette occaſion porte expreſſément, que *j'envoyois le ſieur Higle priſonnier à Gingy.* D'après le ſens naturel de ces mots , qui ne croiroit que de l'endroit où j'étois, à *Gingy*, il y avoit au moins une diſtance quelconque ? Le vrai pourtant eſt que nous étions alors le ſieur *Higle* & moi à *Gingy* , & que je ne *l'envoyai* pas *priſonnier*, ce qui ſuppoſe une escorte & des meſures humiliantes pour celui qui en eſt l'objet, à *Gingy*, mais que je lui ordonnai ſimplement d'y garder les arrêts. C'eſt par des tournures auſſi miſérables , qui marquent autant le ſentiment d'une animoſité réfléchie & les vœux plus réfléchis encore de la haine , que le ſieur *Ligny* a de ſang froid arrangé , diſpoſé , combiné l'odieux enſemble de ſa dépoſition.

(6) Pour couvrir de honte cette cavalerie, je citerai ſa contenance aux deux batailles de *Vandavachy* ; à la premiere , elle refuſa de pourſuivre l'ennemi qui ſe retiroit en déſordre ; à la ſeconde il ne fut pas poſſible de la réſoudre *à donner*, quoiqu'elle eût le Général à ſa tête , & que le ſalut de notre armée en dépendît alors.

Je citerai de même différens traits de mutinerie ou de menaces de ſe révolter que cette Troupe marqua , étant ſous les ordres du ſieur de *Buſſy*.

Le parti ſéditieux qu'elle prit d'envoyer un Courrier au *Général* de * *Chalambron* où elle ſéjournoit , marchant au ſecours du fort de * *Karikal* , pour annoncer que, manquant de cartouches & de cuiſiniers , elle étoit décidée à ne pas aller plus loin. Avant que le courrier ne fût de retour, on apprit la perte du Fort ; & la cavalerie revint à *Pondichéry* le 9 Avril 1760 , ſept jours après qu'elle en étoit partie.

La rébellion de cette Troupe à *Thiagar* vers la fin de Septembre, au moment où l'ennemi marchoit à moi.

Son opiniâtreté à refuſer de faire le ſervice à *Gingy* , ayant alors l'ennemi à une demi-lieue de moi.

Sa révolte du deux Janvier partant pour *Vangatgary* , vingt-quatre heures après avoir quitté le camp des *Marrattes* ; révolte que le ſieur *Chamboran* , Officier Major de cette Troupe mutinée, favoriſa lâchement en me faiſant un faux rapport, & en commentant, à la maniere d'un complice , quelques mouvemens qui m'en annonçoient le projet ; révolte inexcuſable , vu le tems, le lieu , les circonſtances déplorables où je me trouvois ; révolte enfin que je ne parvins à appaiſer que par une contenance aſſûrée , mais en me dépouillant du peu qui me reſtoit.

Je paſſe ſous ſilence l'énormité du 10 Mars. . . . mais j'en appelle

* Diſtant de *Pondichéry* de 9 lieues.
* Diſtant de *Pondichéry* de 17 lieues.

à tous les Militaires : Qu'étoit-il possible , je ne dis pas de mener à bien, mais d'entreprendre avec une Troupe semblable ? Que pouvois-je espérer d'Officiers séditieux, qui étoient les premiers à donner aux cavaliers l'exemple de l'indépendance, que leur vantoient sans cesse, que leur faisoient chérir les trois *boutefeux* dont j'ai déja eu l'occasion de parler , & dont j'ai si souvent eu celle de me plaindre ? Qu'attendre de gens ligués , de gens unis par des vues semblables , de gens , qui pour servir & leurs propres passions , & celle dont ils étoient les instrumens, ne mettoient sans cesse sous les yeux de la Troupe, que mes richesses prétendues , que les sommes immenses que j'avois apportées de *Pondichéry* & accumulées à *Thiagar*, que mon avarice , que mon avidité ? On sent l'impression que devoit faire de semblables propos sur le soldat.

Tandis que la partie du détachement qui étoit avec moi ( ceci est digne de remarque ) se livroit à ces illusions, la partie qui avoit resté à *Thiagar*, montroit au sieur *Kennedy*, comme on l'a déja vu, la conviction intime que j'y avois laissé dans une malle ces mêmes richesses prétendues, ces mêmes sommes considérables touchées à *Pondichéry* ou ailleurs.

A L E N.

*D<sub>ANS</sub> le nombre des Piéces juſtificatives que j'ai à adminiſtrer, il en eſt de deux ſortes: La premiere contient quelques Lettres ou autres Piéces, faiſant partie d'une multitude conſidérable, qu'il ſeroit fort à ſouhaiter que j'euſſe mieux ſoigné, mais que mon* (a) innocence m'avoit fait condamner à un oubli, dont le hazard les a tirées.*

*La ſeconde contient des Lettres écrites à ma Femme par pluſieurs de mes Camarades, auxquels elle s'eſt adreſſée, connoiſſant le desordre de mes papiers, pour acquérir des lumieres ſur ma conduite dans l'Inde.*

*Les ſieurs Dalton [1] & Kennedy [2] ont joint à leurs Lettres des Piéces eſſentielles, du contenu desquelles ils ont trop ſenti qu'ils ſe rendoient les garans, pour pouvoir, ſans humeur, élever le moindre ſoupçon*

[1] Capitaine Aide-Major du Régiment de Lally.
[2] Ancien Capitaine, & le ſeul Officier de mon Détachement en qui je connus de l'expérience.

(a) C'eſt le témoignage intérieur que j'en avois, c'eſt cette ſécurité qui naît de la paix de l'ame, & que ma détention n'a pas même altérée, c'eſt cette confiance naturelle à un Militaire irreprochable, qui m'a fait négliger également de prendre les copies de quelques Lettres & autres Piéces, dont je ſavois le Comte *de Lally* nanti, & dans lesquelles la plus pitoyable méchanceté me paroiſſoit s'exhaler, pour ſe faire ridiculement un jeu de me préſenter ſous des couleurs dignes d'elle. J'ai toujours regardé ces Piéces, ces Lettres comme autant de productions ténébreuſes des Agens d'une clique trop peu connoiſſeuſe en *Hommes*, & trop mépriſable, pour leur ſuppoſer jamais la moindre influence dans la maniere dont je dois être enviſagé, de mes Juges ſur tout.

Je ne ferois même pas mention ici du ſouvenir que je conſerve à peine de ces Ecrits calomnieux, ſi je pouvois croire que le Comte *de Lally* n'en aura fait ou n'en fera aucun uſage, & ſi je ne ſavois que mes ennemis ſont d'eſpéce à argumenter de ce ſilence, pour tenter d'en faire conclure que les imputations conſignées dans ces monumens odieux de l'impoſture, ont quelque fondement.

A cet égard, je n'ai rien à craindre des Perſonnes qui me connoiſſent véritablement. Mais je devois aux autres de les prévenir, & je me dois à moi-même de rendre notoire la promeſſe que je me ſuis faite de réclamer, ſi ces Ecrits ont paru, la ſévérité des Loix, pour ſolliciter toutes réparations de droit.

fur la droiture & l'impartialité qui les ont dictées.

Comme je ne puis que gagner à l'examen de ces différentes Piéces, j'ose supplier mes Juges de vouloir bien prendre la peine de les lire toutes d'un bout à l'autre, en rapprochant chacune d'elles des Observations qui y sont relatives, & que je présente en forme d'Etat, par cote & numéro, correspondant à chaque Piéce.

Un Officier qui en a toujours professé les sentimens & rempli tous les devoirs, qui, malgré cela, languit depuis plus de deux ans dans l'attente d'un Jugement, paroît être susceptible d'obtenir qu'on ne prononce sur son compte, que dans la plus scrupuleuse connoissance de cause.

*ETAT*

## ÉTAT DES PIECES JUSTIFICATIVES;

*avec quelques Obſervations propres à en dévelop-
per l'intention & les rapports , à la décharge du
ſieur ALEN , ci-devant Major au Régiment de
Lally , & Aide - Major Général de l'Expédition
de l'Inde.*

### SÇAVOIR;

**Cot.A, Nº 1.** Un Certificat fort étendu des Commandans des Corps, daté de *Chétoupet*, le 2 Décembre 1759. C'eſt de ce Certificat que j'ai parlé dans la note qui ſe trouve à la page 45 de la ſeconde Partie de mon Mémoire. Cette Piéce eſt une eſpéce de procès verbal de l'état des eſprits & des choſes au moment où elle fut écrite : A ce que j'en ai déjà dit , ajoutons que l'armée étoit alors compoſée des ſeules *Troupes du Roi*, qui ne purent voir, ſans s'en affecter, que mes ennemis fuſſent parvenus à me faire ôter le commandement de l'armée. Ajoutons encore, qu'à la lecture de cette Piéce on ſera frapé de la négligence des Régiſſeurs des Vivres, les ſieurs *Miran* & *Abeille* , Conſeillers du Conſeil de *Pondichéry* , esclaves des volontés de leurs Confreres, dont les intentions furent ſi bien ſervies; la néceſſité de lever le ſiége de *Tanjaour* , ayant été la ſuite de cette négligence criminelle , & y ayant de fortes préſomptions pour croire que *Madras* eût été pris , & que *Pondichéry* n'auroit peut-être pas ſuccombé , ſans les manœuvres d'une agence auſſi juſtement ſuspectée.

**Cot.B, Nº 2.** Trois Lettres du ſieur *de Buſſy* des mois d'Octobre & Novembre 1759. Les deux premieres donneront une idée nette de cette *cavalerie blanche* , dont j'ai tant eu à me plaindre. . . . . La troiſiéme, juſtifiera de mon exactitude à tenir le ſieur *de Buſſy* informé de tout ce qui ſe paſſoit d'intéreſſant. Toutes trois feront connoître quelle étoit ma conduite.

H

Cot. C, N° 3. Trois Lettres du fieur *O Kennelly*, Lieutenant-Colonel, commandant le Fort de *Permacoul*. Ces Lettres font du mois de Février 1760 ; la derniere eft du 26. Il faut, en la lifant, fçavoir que l'ennemi fe plaça le 27 au point du jour, entre *Permacoul* & mon armée, & avoir fous les yeux le reproche qui m'a été fait de n'avoir pas fecouru ce Fort, pour apprécier la fincérité de ce que j'ai dit à ce fujet pages 36 & 37 de la feconde Partie de mon Mémoire.

Cot. D, N° 4. Trois Lettres ou Billets du fieur *Noroigne*, qui ferviront à prouver que j'ai envoyé en effet le fieur *Duflot* à *Mahé*, comme je l'ai avancé à la page 17 de la premiere Partie de mon Mémoire. La revue fignalée d'*Heyderalican*, les conféquences de cette revue, la connoiffance intime qu'avoit ce Négociateur de tous les refforts cachés que faifoient mouvoir les Officiers qui étoient fous mes ordres ; le fecret, en un mot, de cette manœuvre horrible, & les raifons capitales qu'avoit le fieur *Noroigne* de le lui taire. Il y eft également queftion de fa commiffion relative au Traité avec les *Marrattes*, de fa négociation accidentelle chez les *Mayffouriens*, qu'il étoit chargé de la fubfiftance de la Troupe, &c. &c. Détails qui doivent répandre beaucoup de lumiere fur toutes les parties de mon Mémoire qui y ont rapport.

Cot. E, N° 5. Une Lettre du fieur *Grandvaud*, écrite le 4 (Septembre 1760, fuivant le fouvenir que j'ai des époques,) qui apprendra à connoître *Macdoufaïb*, dont il étoit le Chirurgien, & qu'il faut rapprocher d'une autre Lettre du même *Grandvaud*, qui eft au procès, pour mieux conftater les faits que j'ai avancés : ce qui donne plus de poids au témoignage du fieur *Grandvaud*, c'eft qu'il étoit mon unique interprête auprès de *Macdoufaïb*.

Cot. F, N° 6. Une Lettre du fieur *O Donnel*, Capitaine au Régiment de Lally, du 7 Novembre 1764, écrite à ma Femme, qui contient l'atteftation la plus formelle de trois faits effentiels, qui dépofent hautement contre les noirceurs de mes ennemis.

Cot. G, N° 7. Une Lettre du fieur *Dalton*, du 20 Décembre 1764, écrite à ma Femme, qui confirme tout ce que j'ai dit de ma conduite au camp de *Perimbé*.

L'Extrait du Journal du fieur *Dalton*, également adreffé à ma Femme, ne laiffe aucun doute à cet égard ; & l'on trouvera dans ce même Extrait différentes époques antérieures, que je crois dignes de l'attention de mes Juges.

Cot. H, N° 8. Six Lettres du fieur *Kennedy*, joint à la premiere du 15 Octobre 1764 un Certificat très-détaillé de tout ce qu'il a vu & fçu de ma conduite.

La Lettre du 22 Novembre 1764, démontre l'empreffement de mes Officiers à faire ouvrir la *malle* laiffée à *Thiagar*, attefte la vérité des bruits femés par mes ennemis en *Angleterre*, pour m'y rendre fufpect, & confirme l'idée que j'ai donné du peu d'importance qu'étoit le convoi du fieur *Haynaut*.

Celle du 8 Février 1765, contient l'affurance la plus précife que *Thiagar* étoit invefti avant mon départ pour les *Marrattes* ; attefte que le fieur *Kennedy* n'avoit pas befoin d'argent ; prouve la médiocrité du dépôt que je lui avois laiffé, & fes fcrupules à cet égard ; dépofe contre l'avidité des Officiers & contre leur empreffement ; enfin cette Lettre contient l'aveu de la plaifanterie qu'avoit prétendu faire le fieur *Kennedy*, à l'occafion de cette *malle*, fur laquelle il étoit convenu dans fa Lettre, déja rapportée, du 15 Octobre 1765, qu'il avoit beaucoup exagéré.

Celle du premier Juin 1766, ne laiffe aucun doute fur la contenance que j'ai faite au camp de *Retnay*.

Celles du 23 Février & 8 Mars 1766, prouvent clairement que je ne fuis parti de *Thiagar* qu'en conféquence des Lettres du Chef des *Marrattes*, & du Brame *Chamarao*, Lettres que le fieur *Kennedy* avoit entendu lire en fa préfence, & que je lui laiffai en partant copie du *Chiffre* convenu entre le *Général* & moi ; ce qui mene naturellement à la démonftration que je lui laiffai auffi copie des Lettres des *Marrattes*, écrites tant au Comte *de Lally*, qu'à moi, ( circonftance échappée au fieur *Kennedy* ) & que ma conduite en cette occafion n'eft pas moins louable que celle que j'ai tenue toutes les fois qu'il s'eſt agi de me montrer. Je ſupplie mes Juges de faire particuliere-ment attention à la Lettre du 8 Mars.

Enfin une atteſtation particuliere du 11 Mars 1766, qui démontre clairement qu'en partant de *Thiagar*, en con-ſéquence des Lettres des *Marrattes*, je comptois revenir avec eux pour ſecourir *Pondichéry*; on y verra encore com-bien les Lettres du *Nabab de Velours* fortifioient mes eſpé-rances à cet égard.

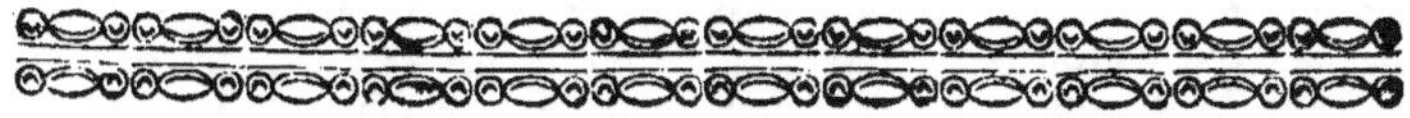

# PIECES JUSTIFICATIVES.

## CERTIFICAT DES COMMANDANS DES CORPS. Cot. A, N° 1.

M'Etant revenu que le Public jafoit fur le départ de l'armée d'*Arcate* le 27 Novembre, & fur celui de *Chétoupet* le premier Décembre, j'ai jugé convenable de lui faire voir les raifons & caufes qui m'y avoient forcé ; il n'eft que trop ordinaire de le voir porter fon Jugement uniquement fur les apparences, fans qu'il prenne la peine d'approfondir les chofes.

Le 3 de Novembre, jour de la féparation de l'armée, je fuis parti de *Vandavachy* avec le régiment de Lorraine, de Lally & fix piéces de canons pour me rendre à *Arcate*, pourvu de deux jours de vivres & fans le fol ; à mon arrivée, je me vis obligé de vivre au jour la journée, la viande manquoit fi fouvent aux foldats, dont on fe trouvoit obligé de lui tenir compte en argent, que l'unique reffource trouvée par le moyen du magafin du fieur du *Chauffour*, fut bientôt épuifée.

La veille du départ d'*Arcate*, le fieur *Parie*, Commiffaire des vivres, s'eft annoncé fans reffource, qu'il avoit feulement la demiration pour l'armée pour le lendemain, & qu'il ne lui reftoit aucune efpérance de rien avoir de plus dans cette partie-là.

Depuis le départ de *Vandavachy*, prévoyant les fuites dangereufes d'un déréglement dans les vivres, je n'ai pas ceffé de le fignifier au Général dans toutes mes lettres ; j'ai plufieurs fois écrit à M. *Miran*, qui en étoit totalement chargé & voyant fa négligence, je m'adreffai à M. *Dubois*, & lui ai fait écrire journellement par le fieur *Parie*, le tout inutilement.

Efpérant toujours l'arrivée de M. *de Buffy* fans avoir jamais reçu de fes nouvelles, malgré les fréquentes lettres que je lui ai écrites, & que par mes plaintes, on auroit mis quelque ordre dans les vivres, j'ai patienté jufqu'au 26 Novembre, la veille de mon départ pour *Chétoupet*.

Dans cette extrêmité, fachant de plus la féparation de l'armée Angloife, chaque Corps plus fort que le mien, un à *Cavripac* & l'autre ayant paffé le *Seyar*, n'étant pas affuré de fon deffein immédiat fur *Vandavachy* , & que fi je perfiftois à garder l'Aldée d'*Arcate* , qui n'étoit pas un pofte à tenir , il auroit pu couper mes derrieres , & ce qui a ajouté à me décider fur le départ , étoit la lettre de M. *Noroigne* , de *Velours* , qui m'affuroit que la négociation de M. *de Buffy* avoit totalement manqué.

Je partis le 27 après avoir laiffé une garnifon fuffifante pourvue & munie de tout , pour *Chétoupet* , où les mêmes difficultés , à l'égard des vivres , naquirent ; l'*Avaldar* s'évada le lendemain , *Gingy* n'a presque rien fourni en affurant fon incapacité ; mes détachemens d'infanterie & de cavalerie ont été infructeux , n'ayant pu rien trouver dans les courfes que je leur ai fait faire ; nous nous fommes trouvés le 30 au foir fans la moindre provifion pour le lendemain ; dans une conjonéture fi fâcheufe , j'appris la reddition de *Vandavachy* , que l'ennemi avoit pouffé une tête de ce côté-ici , le gros de l'armée encore à *Vandavachy* décidé & prêt à marcher ce même foir , nous avons décidé , que s'il nous bloquois ici , ou il falloit mettre armes bas , ou fuir honteufement en abandonnant notre artillerie , ou quitter l'avantage du pofte pour faire un chemin à travers l'ennemi , en abandonnant tout l'équipage de l'armée , le Fort nullement pourvu , & fubir l'effet qu'auroit fait en pareil cas la cavalerie blanche de l'ennemi , & comme notre départ pour *Gingy* correspondoit au depart de l'ennemi de *Vandavachy* , s'il prenoit le chemin de *Carengouly* , nous étions toujours à tems de revenir à *Chétoupet* , y ayant laiffé de quoi foutenir au moins vingt-quatre heures , contre aucun détachement.

En croyant mes raifons affez fondées , je partis le premier pour *Gingy* ; le 2 je reçus ordre de retourner *Chétoupet* , où j'arrivai le même jour , l'armée ayant paffé trente-fix heures avec un biscuit pour toute nourriture.

Il eft douloureux pour un Officier , à la tête d'une armée , qui pourroit être affez heureux de trouver un moment à fe faire voir & profiter des faux mouvemens de l'ennemi , ou à l'inquiéter par fes pofitions , d'être dans l'impoffibilité d'y penfer ; fans ordre dans les vivres , & faute de tentes , on auroit expofé une troupe , furtout dans une faifon d'une rofée perçante , où , même à couvert , on eft gelé de froid.

Cette marche à *Gingy* , ne peut avoir qu'un bon effet pour l'avenir , en mettant l'armée en fureté , & réveillant une capitale qui ne s'endormoit que trop tranquillement fur les griefs d'une armée de laquelle dépendoit fon falut , & lui fera ouvrir des yeux attentifs fur les perfonnes en charge.

Voilà la fituation préfente de l'armée. Je fuis perfuadé que le Public ne peut me refufer la juftice qui m'eft dûe ; il n'eft que trop malheureux d'avoir été dans le cas d'avoir été foupçonné.

Tous les Officiers de l'armée en général , ayant eu vent de

ceci, font accourus chez moi pour me juftifier tous mes mouvemens par leurs fignatures, j'ai crû être fuffifamment juftifié par
celle des Commandans des Corps & Major. Fait à *Chétoupet*,
ce 2 Décembre 1759.

*Signés* ALEN, NAVACELLE, DU TEIL DE BEAUMONT, G. NAGLE,
le Chevalier de GENLY, DUBREIL, DALTON & NOUSSIERE.

Nous fouffignés, Commiffaire des Vivres, certifions que les rapports faits à M. Alen, commandant l'armée, avant les marches
d'*Arcate* & de *Chétoupet*, font conformes à fon expofé, & véritables.
Fait à *Chétoupet*, le 2 Décembre 1759. *Signé*, P. PAYE.

---

COPIE DES TROIS LETTRES DE M. DE BUSSY.  Cot.B, N° 2.

*A Namacoupette, à deux cow au-deffus d'Arcate, fur la rive
droite du Paléar, le 19 Octobre 1759.*

J'ai reçu, Monfieur, avec une vraie peine, l'honneur de la vôtre du 18. La révolte dont vous m'annoncez la fâcheufe nouvelle,
ne pouvoit arriver dans des circonftances plus embarraffantes. J'ai
éprouvé hier à peu près la même chofe; & il y a apparence qu'il
y avoit de la connivence entre l'armée & mon détachement. M.
de *Lally*, différant à m'envoyer le demi mois de paye qu'il m'avoit
promis, pour mes grenadiers, je le leur ai fait donner de mes
propres fonds; ils refufent de le recevoir; M. de *Navacelle*, ayant
effayé envain la douceur, & les bonnes raifons pour les remettre dans le devoir, prit fon fufil, & menaça de tuer le premier
qui oferoit parler. Cet acte de vigueur les fit tous fuir, mais
en menaçant de paffer à l'ennemi. Le foir ils devinrent cependant plus traitables, en conféquence je me fuis mis en route;
& j'avois déja fait deux cow, lorsque votre lettre m'a été remife.
Cette révolution fufpend ma marche, le falut de la Colonie me
paroît préférable à toute autre opération, & je ne poufferai pas
plus avant, jufqu'à ce que j'aye reçu de nouveaux ordres de M.
de *Lally*, qui, fur l'avis que vous lui avez donné de cette fédition, fe fera fans doute porté à *Vandavachy*, d'où j'efpere qu'il
le rendra promptement à *Arcate*, où il eft abfolument néceffaire
que je confere avec lui, avant de paffer outre.
J'ai l'honneur d'être, &c.  *Signé* BUSSY.

*P. S.* Les trois cavaliers dont vous me parlez, ne font point
arrivés ici.

*A Namacoupett, le 21 Octobre 1759, à trois heures après midi.*

Les premieres lignes de votre lettre du 20, m'ont fait, Monsieur, un vrai plaisir, qui a été un peu affoibli par les conditions que le soldat vous impose. Cet événement est une tache ineffaçable pour ces troupes, & a retardé mon opération ; peut-être même en rendra-t-il l'exécution plus épineuse. J'ai toujours à craindre une pareille mutinerie de la part de mon détachement, & je crains la fin du mois ; car lorsqu'il apprendra les à comptes que l'armée a reçus, il en exigera autant, & où le prendrai-je, si M. de *Fumel* ne m'envoye de quoi leur faire la même répartition ; parlez-lui-en, je vous prie, & pressez-le fortement à ce sujet. J'attends les derniers ordres de M. le comte de *Lally* pour continuer ma marche.

J'ai l'honneur d'être, &c.

*Signé* BUSSY.

*Au camp de Preston, le 24 Novembre 1759.*

J'ai reçu, Monsieur, avec un vrai plaisir l'honneur de la vôtre du 5 courant. On ne peut être plus sensible que je le suis au soin que vous prenez de me donner avis de ce qui se passe dans vos quartiers. Je vous prie de vouloir bien continuer à m'instruire de ce qui arrivera d'intéressant.

J'ai l'honneur d'être, &c.

*Signé* BUSSY.

*P. S.* Après bien des mouvemens & des peines, je pars demain. Je ferai le plus de diligence qu'il me sera possible pour me rendre dans vos quartiers, où je serai charmé de vous voir.

Donnez-moi, je vous prie, avis des mouvemens de l'ennemi & des vôtres. Je marche à grandes journées ; je vous écrirai chaque jour, faites-en autant je vous prie.

Copie des trois Lettres de M. O Kennelly.  Cot. C, N° 3.

*Du Fort de Permacoul, le 24 Février 1760.*

Je vous prie, mon cher *Alen*, d'interroger *l'Adjudant* canonnier, qui avoit ordre de conduire sous mes ordres les deux piéces de dix-huit que le sieur *Gabre* a retenues, avec les quatre cens *Camatis* ( qui m'auroient été ici fort utiles ) sans avoir des ordres précis de le faire. En ce cas il est très-punissable, ou bien l'*Adjudant canonnier*, s'il n'a pas dit vrai. Cela nous cause un tort très-considérable, non-seulement pour le retard des *Camatis* qui auroient travaillé & amenés des piéces, que je monterois actuellement, mais même encore par rapport à vous, puisque, si vous étiez obligé de lever le camp, les piéces resteroient dans la plaine en prise à l'ennemi. Envoyez-moi, je vous prie les *Camatis* demain de grand matin, pour les piéces vous en ferez ce que vous voudrez, ne pouvant répondre de ce qui ne me revient pas.

*Signé* O Kennelly.

Il paroît très-vraisemblable que l'*Adjudant* canonier dit vrai ; puisque demandant au Comte de Lally des *Camatis*, il m'a dit qu'il m'en avoit envoyé quatre cens avec deux piéces de dix-huit.

*De Permacoul, en même date du 24 Février 1760.*

Mon cher *Alen*, je viens de recevoir une lettre de M. de Lally, qui est fort surpris que je demande des *Camatis*, disant qu'il a envoyé deux piéces de dix-huit ici sous mes ordres. Je vous prie de m'envoyer au moins les *Camatis* pour donner un coup de main à ces piéces que vous avez vues dans la montagne : ces piéces sont destinées pour ici ; il n'y a aucune raison de les arrêter, le chemin étant très-libre. Faites examiner les états qu'avoit l'*Adjudant*, qu'a M. *Gabre*, vous verrez que les piéces, & le tout m'est adressé, & qu'il ne convient pas à M. *Gabre* de retenir aucun convoi qui m'est adressé. Je n'attends que votre réponse pour écrire à M. de l'Ally & au sieur *Durre* à cet effet.

Je suis, &c.

*Signé* O Kennelly,

*De Permacoul le 26 Février 1760.*

Je vous dirai, mon cher *Alen*, que je ne suis point embarassé du tout pour les deux piéces, en ayant déjà ici qui peuvent servir. Dépêchez, je vous prie, les *Camatis* que j'attends comme le Messie, & que je vous renverai au premier mot. Je gratifierai les *Camatis* de *Nély*, & suis fâché qu'ils n'eussent pas été ici hier, parce que je les aurois fait payer par un certain *Ramelinga* qui a payé les miens hier : je vous embrasse de tout mon cœur, mon cher *Alen*.

*Signe* O KENNELLY.

Je suis charmé que vous fassiez ce détachement pour *Vandavachy*, vous trouverez à votre gauche de *Tindiclanon* quatre cens mauvais *Cypahys*, qui viennent souvent ici près pour nous chagriner ; vous pouvez les attaquer, attendu que ce sont de nos déserteurs depuis la derniere affaire de *Vandavachy*.

---

Cot. D, N° 4. EXTRAIT DES LETTRES OU BILLETS DE M. DE NOROIGNE.

### I.

*A Calemalevaly, ce 13 Janvier.*

Le sieur *Duflot* est arrivé, ne pouvant plus approcher de *Mahé*, parce qu'on dit qu'il est bloqué.

*Signé* NOROIGNE.

### I I.

Si on avoit attendu que je fusse arrivé, & que j'eusse donné l'état & arrangé les affaires, avant de les retirer de mes mains, on n'auroit pas eu la différence de trois jours, & l'extraordinaire que j'avois mis, auroit toujours continué : nos disputes finissant entre nous-mêmes, *Heyderalikan* auroit plus de considération pour nous, & peut-être qu'il n'auroit pas fait ce qu'il a fait dernierement, *de passer la revue, & de prendre le signalement des hommes & des chevaux*, ce qui n'est *pas peu de chose* ; tout cela ne seroit pas arrivé, quoiqu'il est prouvé qu'il n'a fait aucune difficulté à l'état que j'ai donné, & aujourd'hui il travaille, comme si *la troupe étoit à lui*. Je ne dis pas que c'est VOTRE FAUTE, le tems m'empêche de dire à qui *elle est*, il faut avoir, mon cher, beaucoup de connoissance des *Noirs* & beaucoup d'affaires avec eux, pour connoitre leurs façons d'agir, après tous ces parlementages, moi-même je crains de parler à *Hey-*

*deralikan* d'affaire ; car il ne doit pas avoir pour moi tant de con-
fidération que lorsque je fuis arrivé, au moins j'ai des raifons pour
m'en méfier, je prendrai bien garde de lui donner occafion de me
manquer en quelque chofe ; vous dites que vous avez gardé mon
billet : je le fouhaite, car je dis là le vrai, comme je le dis dans
celui-ci. Je ne puis pas répéter l'affaire du fieur *Bynt ;* car nonobftant ce qu'*Heyderalikan* m'a fait dire, il l'a dit ce matin au fieur
*Bynt.* Je voudrois bien pouvoir m'en aller au plutôt d'ici, je dis
tout en difant cela. Je vous fouhaite le bon jour.

*Signé* NOROIGNE.

### I I I.

Il l'a dit, mon cher Monfieur, mais il dit aujourd'hui qu'il ne l'a
point dit dans ce fens, que faire ? Forcerons-nous cet homme à
payer, je continuerai les diligences pour vous fervir ; mais je ne
vois pas que nous en ayons la réuffite. M. de *Chamboran* vient de
fortir d'ici. Dans le compte qu'il a de l'argent que j'ai diftribué du
16 Janvier jusqu'au 2 Février, on voit clairement que la Troupe a été
payée, & qu'il a refté 218 roupies qui étoient de l'extraordinaire,
que j'avois mis pour les dépenfes que j'ai été obligé de faire à chaque moment, étant chargé, pas du commandement de la Troupe,
*mais de fa fubfiftance*, puisque c'eft moi qui ai finis avec *Heyderfaïb :*
quand tout cela ne feroit pas, eft-ce que je ne puis pas dépenfer
deux miférables centaines de roupies de l'extraordinaire, n'ayant
pas mis de *rofamara* pour moi, par une politique pour le bien de
l'affaire dont j'étois chargé, & ayant été obligé de donner presque
par force des *inames* aux gens du *Ceriae :* & à qui faut-il donc que
je demande tout l'argent que j'ai dépenfé avec le Détachement
depuis mon départ de *Pondichéry*, n'ayant rien reçu du Comte de
Lally, la Troupe étant payée de l'unique fois que j'ai diftribué ? Que
me demande-t'on de plus, & à l'extraordinaire que j'ai dépenfé ? Veut-on que j'en rende compte : je le rendrai devant le Roi,
s'il eft néceffaire. Nonobftant cela, on veut abfolument l'avoir par
force, & pour faire ce qu'on jugera à propos ; je ne fais pas autre
chofe que de bien fervir la nation françoife, & facrifier pour elle
ma fanté, mon repos, ma vie, plufieurs fois mon argent, comme
vous avez vu que j'ai fait à l'armée *Marratte* à *Vintgatgary*, mon
cheval, enfin faifant toujours honneur à *la commiffion dont j'étois
chargé*, à mes dépens. Et pour les deux cens roupies, on dit qu'il
faut que je les paye, & on fait la fourde oreille, quand je demande
mes chevaux. Et fi on demande à *Ramelinga* cet argent, ce ne feroit pas jufte, parce que comme c'eft moi qui lui ai remis cet argent pour la diftribution, il m'a remis le furplus. Enfin qu'on faffe
ce qu'on jugera à propos, tout aura fon tems. Je ne pourrai pas
abfolument aller au *Darbar*, mon indifpofition m'en empêche, je vous
embraffe. *Signé* NOROIGNE.

I ij

**Cot.E, N° 5.**    EXTRAIT DE LA LETTRE DU S<sup>r</sup> GRANDVAUD.

MONSIEUR,

Permettez-moi de vous repréfenter que je ne puis m'empêcher de fuivre *Macdoufaïb*, s'il lui arrivoit quelque accident, caufé par la guerre, il feroit écouté auprès de M. le *Général*. Le fieur de *Noroigne* m'a dit de ne point le quitter, & le fieur *Dubois*, fans un ordre de M. de Lally. Je ferois au défespoir de ne rien faire qui put lui déplaire, & je facrifierai tout pour cela :
*Dans un autre endroit de la lettre*, il dit, parlant de *Macdoufaïb*, Je ne quitterai pas CE COQUIN fans ordre.

*Signé* GRANDVAUD.

**Cot.F, N° 6.**    COPIE DE LA LETTRE DE M. O DONNELLE, A MADAME ALEN.

*A St Pierre de Vouvray*, *le 7 Novembre* 1764.
MADAME,

Je ne perds pas un moment pour répondre à la lettre que vous m'avez fait l'honneur de m'écrire que, je ne fais que recevoir, quoiqu'elle foit datée du 10 Octobre, elle a parcouru bien du Pays, faute, je m'imagine, d'avoir été bien adreffée.
Je me fouviens très-bien d'avoir entendu dire à M. *Sylva*, dans la Chambre de M. *Alen*, à St *Thomé*, & en préfence de plufieurs Perfonnes, que les Officiers de la cavalerie de la Compagnie des Indes l'ont forcé de figner de faux écrits contre M. *Alen*, dans le *Mayffour*; je fais très-bien auffi que les Officiers de la Compagnie ont malicieufement dit à plufieurs Perfonnes à *Plimouth* & à *Taviftok*, que nous étions nés Sujets du Roi de la Grande Bretagne, & ont ajouté que M. *Alen* étoit perfonnellement attaché au Prétendant; ceci m'a été dit par des Anglois, à qui ils l'ont dit. Je me fouviens auffi très-bien que M. *Alen* m'avoit dit, après fon retour de *Mayffour*, que fes malles ont été pillées à *Pondichéry*, je fuis prêt à témoigner ce que je viens de dire quand on voudra.

Je fuis, &c.

*Signé* Mich. O DONNELLE.

COPIE DES LETTRES DE M. DALTON, A MADAME ALEN.  Cot.G,N°7.

*à Brives, le 20 Decembre, 1764.*

MADAME,

Je reçois dans le moment votre lettre, du 15 de ce mois, je me souviens très-bien du camp de *Perimbé*, où le Commandant de la cavalerie envoya ordonnance sur ordonnance à M. *Alen*, pour lui signifier que toute l'armée ennemie *noirs* & *blancs* marchoit vers les *limites :* j'étois même chez M. *Alen* dans le moment que ces ordonnances étoient venues. J'écris à *Paris* par cet ordinaire, pour qu'on m'envoye par la poste, un petit journal que j'ai laissé, lorsque je l'aurai, je vous détaillerai au juste tout ce que je sçais, avec les époques : je ne puis pas l'avoir avant 15 jours, & vous ne pourrez recevoir une lettre de moi que dans trois semaines d'ici : je n'ai rien vû de M. *Alen* qu'une conduite irréprochable à tous égards : je suis, &c.

*Signé* DALTON.

*à Brives le 14 Février,* 1765.

MADAME,

J'ai reçu l'honneur de la vôtre du 2 de ce mois, par laquelle vous me demandez, ce que je sçais des différens commandemens de M. *Alen* dans l'*Inde.* Je vous en envoye ci-joint le détail. Je suis, &c.

*Signé* DALTON.

*Détail dont il est question dans la Lettre ci-dessus.*

Les regimens de Lorraine & de Lally aux ordres de M. *Alen*, à l'exception des Grenadiers qui étoient détachés, marcherent de *Vandavachy* à *Arcate*, où ils arriverent le 5.  3 Nov. 1759.

Le 6, la nuit M. *Alen* marcha d'*Arcate* avec cent blancs, 300 Cypahys & 100 cavaliers noirs pour attaquer *Sacramalour* un petit Fort à une lieue d'*Arcate :* ce détachement revint le matin ayant été repoussé & ayant perdu dix-huit hommes & un Officier tant tués que blessés. M. *Alen* reçut un coup de fusil au chapeau. Le pere *Saint-Estevan* avoit représenté ce Fort à M. *Alen* comme un endroit qu'il pouvoit escalader sans échelles ; M. *Alen* & autres du Détachement m'ont assuré que cela étoit impossible.

Le 27, les espions rapporterent que l'armée Angloise étoit en marche pour *Arcate*, qu'elle avoit été à *Cavripac* à 4 lieues d'*Arcate* la veille. M. *Alen* se trouvant beaucoup inférieur en nombre à l'ennemi, & sur plusieurs représentations, en ma présence, de *Ramelinga* fournisseur des vivres, qu'il ne trouvoit nul moyen d'en fournir le lendemain à la Troupe, partit ce jour pour *Chétoupet*, où nous arrivâmes le 28.

Le 30, il n'y avoit plus de vivres à *Chétoupet*, M. *Alen* envoya ce jour un Détachement de cent blancs en chercher dans les campagnes.

Le premier Décembre, ce Détachement revint sans avoir trouvé aucuns vivres ; ce jour à dix heures du soir nous nous mîmes en marche pour *Gingy*, la Troupe n'ayant rien mangé de la journée.

Le 2, à 8 heures du matin nous arrivâmes à *Gingy*, où M. *Alen* reçut ordre de retourner à *Chétoupet* ; nous nous mîmes en marche à 3 heures après midi pour y retourner, & nous y arrivâmes à dix heures du soir ; le Fermier Général, chargé des vivres, en fit apporter à *Chétoupet*, M. *Alen* dit des choses fort dures à ce Fermier pour avoir laissé manquer de vivres la Troupe & l'avoir mis dans la nécessité de quitter *Chétoupet*.

Le 6 Mars 1760.  M. *Alen* commandant l'armée à la *Taupe des Tamariniers* ayant eu avis que les ennemis devoient marcher sur *Valdaour*, nous fit marcher à *Perimbé*.

Le 7, à midi il arriva une ordonnance à notre cavalerie commandée par M. *Desgras*, qui étoit posté en avant, pour donner avis à M. *Alen* que l'armée Angloise étoit au pied du poste des *Tamariniers* ; il en succéda un second qui confirmoit le rapport du premier, & que l'armée Angloise s'approchoit & prenoit le chemin de *Pondichéry* vers les *limites* de la porte de *Valdaour*, j'étois présent en ce moment. M. *Alen*, de peur que sa communication ne fût coupée, fit battre la générale & marcher vers *Pondichéry*. Nous fûmes ensuite informés que ces différentes ordonnances qui furent envoyées à M. *Alen*, lui firent de faux rapports, puisque l'armée Angloise en question n'étoit que quelques *Cypahys*.

Je ne puis que louer toute la conduite militaire de M. *Alen* dans l'*Inde*, autant que mon peu de lumiere sur mon métier me permet d'en juger, ne m'étant jamais apperçu qu'il eut fait une fausse manœuvre, je l'ai toujours regardé comme un bon Officier, brave, zélé & intelligent.

Fait à Brives, ce 14 Février 1765.

*Signé* DALTON, Capitaine, Aide-Major au Régiment réformé de *Lally*.

COPIE OU EXTRAIT DES SIX LETTRES DE M. KENNEDY, A MADAME ALEN.     Cot. H, N° 8.

### I.

*A St Mihiel, ce 15 Octobre 1764.*

MADAME,

Je n'aurois tardé à répondre à l'honneur de la vôtre, si je n'avois été arrêté en campagne à la *Trendongé*. Vous me demandez bien des articles que je n'ai point vus, ou peut-être qui me sont sortis de la mémoire : ce que je pourrois faire pour la justification de M. *Alen*, je m'y porterois de cœur. Vous me demandez les questions que l'on m'a faites, elles ont presque toutes roulé sur M. de *Lally*, à l'exception d'une, où l'on m'a questionné pourquoi M. *Alen* n'avoit pas attaqué le Détachement de *Preston* ; j'ai répondu là-dessus, que *les Chefs noirs ne vouloient point donner*. Vous me demandez une explication de sa *malle*, je vous dirois que l'on l'a laissée sans me dire ce qu'elle contenoit, voilà le tort. Je ne l'ai su, que près de deux mois après, qu'il y avoit de l'argent ; M. Mahony, ayant ouvert le coffre, j'y en ai pris aux environs de quatre cens roupies, lesquelles furent rembourfées, je n'ai jamais compté ce qu'il y avoit dedans, après *Thiagar* pris, j'ai *exagéré* la somme, mais je crois qu'elle ne contenoit que deux mille roupies. Je vous envoye les articles que je crois en conscience pouvoir donner, lesquels sont véritables. Je souhaiterois pouvoir davantage, vous me trouverez toujours prêt à prouver à M. *Alen*, & à vous, combien je suis, &c.

*Signé* ED. KENNEDY.

Je déclare avoir été témoin des articles suivans.

CERTIFICAT DE M. KENNEDY.

1°. Que M. *Alen* arrivant à *Thiagar* a donné bien des ordres à *Ramelinga* & à *Sylva*, son Interpréte, touchant son Détachement.

2°. Que M. *Alen* a fait partir *plusieurs convois pour Pondichéry*, & a donné des billets aux Conducteurs pour être payés tant par bœuf.

3°. Que M. *Alen* avoit toujours des bestiaux prêts pour convois.

4°. Que M. *Alen* a fait faire plusieurs courses pour ramasser des provisions.

5°. Que les *Cypahys de Pendecan* n'étoient qu'en dépôt chez nous, & que son accord ne l'obligeoit au service qu'en dedans les possessions de *Thiagar*, c'étoit même avec beaucoup de peine que l'on a gagné sur eux de marcher à un Fort, que l'on a manqué par leur poltronnerie.

6°. Que M. *Alen* étoit souvent menacé de désertion.

7°. Que M. *Léry* tenoit une correspondance exacte avec un nommé *Mallet.*

8°. Que M. *Alen*, la veille de son départ, a donné de l'argent à *Ramelinga* pour faire marcher *Pendeken.*

9°. Que les forces de M. *Alen* consistoient en quatre piquets non complets, & cent-vingt ou cent trente Cavaliers, & quelques *Cypahys.*

10. Que M. *Alen* avoit marché avec toute sa Troupe pour entrer à *Pondichéry* & un convoi, ce qu'il n'a pu exécuter, les Rivieres étant grosses.

11°. Que M. *Alen*, depuis la possession de *Thiagar*, reçut du *Nabab de Velours* plusieurs lettres qui lui annonçoient l'arrivée prochaine des *Marrattes.*

12°. Que M. *Alen* vouloit attaquer *Preston* à deux lieues de *Gingy*, pour faire entrer un grand convoi, & que les *Chefs noirs* n'étoient point de cet avis.

13°. Que M. *Alen* du camp de *Perimbé*, reçut deux ordonnances pour lui annoncer que toute l'armée Angloise marchoit aux *limites.*

14°. Que M. *Alen* a fait plusieurs menaces au sieur *Desjardins*, pour le faire trouver son *Avaldare*, pour qu'il rendît compte à *Ramelinga.*

15°. Que M. *Alen* avoit ordonné au sieur *Desjardins*, de sauver les vivres à *Ouliguilienours*; & qu'il n'en a rien fait.

16°. Que M. *Alen* a reçu pour réponse de M. de *Champeron* à *Gingy*, que les chevaux de la cavalerie n'étoient point ferrés ni nourris & ne pouvoient en conséquence faire des patrouilles sans les exposer à la désertion.

17°. Que le sieur *Binck*, Major des Hussards, à tenu de mauvais propos de M. *Alen* à *Trinquebar.*

18°. Que M. *Alen*, en un mot, a eu beaucoup de peines dans son détachement, & de fatigues, presque point de secours, & qu'il a fait son possible en tout point ; ce que je signe véritable.

*A St Mihiel, ce* 15 *Octobre* 1764.

*Signé* ED. KENNEDY.

I I.

*à S. Mihiel, ce* 22 *Novembre* 1764.

MADAME,

Si je n'avois été très-incommodé, je m'aurois fait l'honneur de répondre aussitôt à la lettre ; vous me demandez quatre articles, le premier si les Officiers m'ont obligé d'ouvrir la *malle* de M. *Alen.* Il est vrai qu'ils ont beaucoup insisté ; en conséquence je leur ai fait faire par écrit, signé de chacun d'eux, promesse de me rembourser bourfer les quatre cens roupies, au cas que M. *Alen* ne foit point payé de ce que je prenois pour les travaux.

L'article de ce que l'on a débité en Angleterre, que nous étions fujets & attachés à la famille des *Stuards* ; je l'ai fouvent entendu. Je fçais de plus que le convoi que l'on a envoyé avec la moitié des *Cypahys* du fieur Hainaut étoit bien peu de chofe, & confiftoit beaucoup en Bufles.

Je fuis , &c.      *Signé* ED. KENNEDY.

### III.

*à S. Mihiel , ce* 8 *Février* 1765.

MADAME,

A mon arrivée ici d'Alface , je trouve une de vos lettres , j'y réponds fur ce que vous me demandez l'hiftoire de cette *malle* , elle a été laiffée par le fieur *Alen* , fans qu'il m'ait dit ce qu'elle contenoit, je ne l'ai fû que deux mois après , le fieur *Mahony* l'ayant ouvert , & m'a dit qu'il y avoit de l'argent dedans ; en conféquence voyant que j'avois befoin pour les travaux du Fort de 400 roupies , je les ai prifes;après avoir affemblé les Officiers qui étoient fous mon commandement.Les 400 roupies avant mon départ de l'*Inde* lui furent rembourfées par un billet de non payement ; le Fort fut pris ; j'ai écris à M. *Alen* que j'ai fauvé fon coffre, & l'ai beaucoup grondé de m'avoir laiffé dépourvu d'argent , lorfqu'il en avoit. Que la lettre foit interceptée ou non , elle ne fait rien à l'affaire , tout ce que je peux vous affurer , c'eft que lorfque M. *Alen* m'a laiffé , j'étois invefti le même jour , & que tout l'argent m'auroit été dans ce moment inutile ; en outre la *malle* étoit un dépôt dont je ne pouvois hafarder la diftribution aux Soldats , & de plus la fomme étoit affez médiocre pour croire qu'elle fut à M. *Alen.* J'ai fait monter cette fomme auffi-bien que le fieur *Mahony* bien haute , *par plaifanterie* , & je me foucie très-peu que la lettre ait été interceptée , l'on y verra ma façon d'avoir foutenu un Fort auffi long-tems,ce qui n'a jamais été fait dans l'*Inde* , & de plus l'on y verra mes fcrupules fur un dépôt qui m'avoit été laiffé. Je certifie de plus que M. *Alen* a fait ce qu'il a pu avec fon Détachement , & qu'il a bien des raifons de plainte fur une bonne partie de fon Détachement. J'ai l'honneur , &c.

*Signé* ED. KENNEDY.

K

I V.

*à S. Mihiel, ce 1 Juin 1765.*

MADAME,

J'ai déjà eu l'honneur de vous éclaircir touchant cette *malle*, elle a été laiffée au *Thiagar*, au départ de M. *Alen*, je n'ai fçu ce qu'elle contenoit que long-tems après, le fieur *Mahony* l'ayant ouverte ; en conféquence j'ai pris 475 R. pour les travaux du Fort en préfence des Officiers fous mes ordres, dont j'ai fait avoir un billet de non payement. Pour la lettre interceptée, elle ne peut que me faire honneur, l'on y verra ma façon de fervir. Vous vous allarmez de ce que l'on a dit de M. votre mari à l'affaire de *Prefton*, il eft trop bien connu, pour qu'une pareille accufation ne tombe pas d'elle-même, il a fait fes preuves partout en Europe, & l'on lui rendra toujours juftice, & moi plus qu'un autre.

Je fuis, &c.      *Signé* ED. KENNEDY.

V.

*De S. Mihiel ce 23 Février 1766.*

MADAME,

Venons, je vous prie, à ce qui concerne M. votre époux, vous me demandez des lettres des *Marrattes*, je peux vous protefter que M. *Alen* ne m'en a jamais laiffé, mais que je les ai toutes vues, & que c'eft la vérité pure qu'il en a reçu plufieurs, lui confirmant leurs arrivées, & en conféquence qu'il eft parti du *Thiagar*, je vous prierois, auffi-tôt celle-ci reçue, de tâcher d'avoir mon journal du *Thiagar* que j'ai envoyé à M. de Lally, lorsque j'étois en Angleterre. Peut-être vous me rendriez juftice, moi la rendant à M. votre époux, que j'eftime, & qui a beaucoup pour lui. Examinez les lettres que je vous ai écrites. Si je peux quelque chofe de plus, je me ferai toujours plaifir de le faire felon la juftice.

Je fuis, &c.      *Signé* ED. KENNEDY.

V I.

*De S. Mihiel, ce 8 Mars 1766.*

MADAME,

En conféquence de vos trois lettres, j'ai cherché à me rappeler jusqu'aux dernieres circonftances ; je vous dirai donc que c'eft une vérité inconteftable que M. *Alen* ne feroit point forti du

*Thiagar*, s'il n'avoit reçû plufieurs lettres de *Velours* , interprêtées devant moi, qui lui affuroient l'arrivée des *Marrattes* , & lesquelles lettres l'appelloient avec la *Cavalerie blanche* , pour après faire leurs tentatives pour fecourir *Pondichéry*. Je ne fçais fi M. *Alen* m'a laiffé ces lettres, mais je ne m'en fouviens nullement. S'il l'a fait , il eft certain que je les ai envoyées à *Pondichéry* , m'ayant laiffé exprès pour cela, la clef des *chiffres* convenus entre lui & M. de Lally. Je vous dirai de plus , qu'après la reddition de *Thiagar* , M. *Preflon* à qui je me fuis rendu , m'a dit que le même jour, ou la même nuit, que votre époux étoit forti du Fort, qu'il avoit envoyé un gros Détachement pour arceler le fien, & qu'il favoit bien que le *Nabab de Velours vouloit defcendre avec les* Marrattes *pour fecourir* Pondichéry , *ce que l'on craignoit beaucoup à* Madras. En conféquence , que leur Gouverneur avoit envoyé des Officiers avec plufieurs préfens confidérables, pour empêcher ledit fecours. Je vous affirme ce que je vous annonce ; tachez de retirer mon journal que j'ai envoyé à M. de Lally , lorsque j'étois en *Angleterre* ; vous y trouverez du rapport de la fortie de M. *Alen*, & bien autre chofe à fon avantage. Si je peux davantage , pour rendre témoignage à la vérité , vous me trouverez toujours prêt felon la juftice , ne craignez pas de m'importuner , ce fera toujours avec plaifir que j'aurai l'honneur , &c.

*Signé* ED. KENNEDY.

## ATTESTATION DE M. ED. KENNEDY.

Monfieur Alen n'eft forti de *Thiagar* que fur les letttes des *Marrattes* qui le demandoient avec la *Cavalerie blanche* , pour descendre avec lui au fecours de *Pondichéry* ; il en reçut encore du *Nabab* de *Velours* qui lui confirmoit un prompt fecours, & la réfolution des *Marrattes* de fecourir *Pondichéry*. J'ai vu ces lettres à *Thiagar* , & je fus préfent , lorsqu'elles ont été interprêtées par un nommé *Sylva.*

*Signé* EDOUARD KENNEDY.

*Le* 11 *Mars* 1766 *à S. Mihiel.*

*Toutes les copies ci-deffus font conformes aux Originaux reflés entre mes mains , ce que je certifie véritable.*

*Signé* , BEHAGUE ALEN.

---

# DE L'IMPRIMERIE DE P. G. LE MERCIER.